AF453982

Les Amans Surpris.

L'ENFANT DU PLAISIR,

ou

LES DÉLICES DE LA JOUISSANCE.

Cédez au charme de l'amour,
Dit la nature, à la jeunesse ;
Fuyez l'amour, dit la sagesse ;
Je les ai cru ; mais chacune à son tour.

A PARIS,

AU TEMPLE DE CYTHÈRE.

1803.

L'ENFANT DU PLAISIR,

OU

LES DÉLICES DE LA JOUISSANCE.

L'amour et la jeunesse doivent toujours
être d'accord.

Après les premières années d'une éducation soignée aux dépens de la fortune de mes parens, je me trouvai capable d'être aimé, et susceptible d'être aimable; une tante chérie veillait à ma conduite, et fournissait à mes dépenses : la mort de mon frère et l'absence de ma mère, dont j'ai peine à me souvenir, tant j'étais jeune quand ils se séparèrent

de moi pour des motifs qui me sont incon-
nus. Cette bonne, aimable tante qui avait
pour moi moins de sévérité que de complaisance, n'était pas difficile à tromper, j'y parvenais souvent, et maintes
fredaines me sont arrivées sans qu'elle en
aït eu connaissance. Je la priai de me
retirer d'une pension où j'étais depuis
dix ans à gémir autant qu'à maudir les
froids pédans qui appésantissaient sur
moi leur fouet, leurs verges ou leur fé-
rule, elle y consentit.

Presque libre de mes volontés, je ne
tardai pas à cultiver des connaissances ;
celle qui m'attachait davantage, ce fut
la sœur d'un de mes camarades de classe,
que l'on nommait M. de Naucré. C'est
par sa voie que je parvins à voir cette
demoiselle, mais d'abord le plus décem-
ment. Je goûtais dans ses entretiens cette
finesse d'esprit qui charme, cette pudeur

qui flatte ; son organe était enchanteur autant que sa physionomie était enchanteresse. J'avais dix-huit ans ; elle en avait deux de plus, c'est ce qui lui donnait plus de retenue et moins de dissimulation. Enfin la présence continuelle de sa mère ou de son frère, qui ne la quittaient presque jamais, épuisait ma constance, et contrariait mes intentions. Pour réussir dans mes projets , je m'enhardis moi-même , et je résolus de guetter l'instant favorable pour déclarer à ma Julienne le vif désir qu'elle m'inspirait.

Je réussis un jour à la promenade où nous accompagnâmes ma chère tante Abeline, pour aller dîner à Neuilly, où le frère de mon amie et mon ci-devant professeur nous attendaient, je la conduisis aussi loin qu'il fut possible pour que nos argus ne pussent nous entendre, et je fis ma déclaration dans les termes les plus passionnés. Je lui peignis l'amour sous les couleurs séduisantes du vrai bonheur, et je conclus par lui déclarer que j'étais ce mortel à qui ce dieu prêtait son éloquence, pour lui peindre les sentimens dont mon cœur était pénétré. Ses traits s'animaient au récit de ma flamme, Je me croyais déjà heureux ; mais mon attente fut trompée..... Julienne dissimula sa réponse pendant quelques instans pour mieux la réfléchir ; puis prénant un ton plus calme elle me dit :

« Il y a tant de sortes d'amours qu'on ne sait à qui s'adresser pour les définir : on nomme hardiment amour, un caprice de quelques jours, une liaison sans attachement, un sentiment sans estime, des simagrés de Sigisbé, une froide habitude, une fantaisie romanesque, un goût suivi d'un prompt dégoût ; on donne ce nom à mille chimères. »

Bien surpris de la trouver si savante, j'imaginai que ce discours était le fruit des leçons de sa mère, ou plutôt de mon professeur, qui se plaisait à les entretenir de la vertu de Solon et de Socrate, quand l'âge et la nature les exempta du vice.

Nous arrivâmes enfin au dîner; le repas quoique long et splendide, n'en fut pas moins ennuyeux. Madame Naucré la mère de ma Julienne, et ma tante, écoutaient avec admiration les plates et froides sentences de mon flegmatique précepteur, monsieur le ci-devant abbé Audebert, c'était tout de le voir; mais encore plus de l'entendre... immédiatement après le café, on nous permit un quart d'heure de récréation dans le jardin de l'hôtel. M. de Naucré fils, pour se récréer, prit un texte grec de Xénophon, qu'il prétendait traduire, et ma tante se retira selon sa coutume, dans un boudoir pour y prendre une heure de repos. Monsieur Audebert et madame de Naucré restèrent au logis.

Le moment de notre promenade me laissa le loisir de répéter à ma belle ce que je lui avais déjà déclaré, un événement très à propos nous donna l'exemple des plaisirs inappréciables dont je lui vantais la jouissance ; nous étions à l'extrémité du parc en dehors et attenant duquel est la maison du jardinier : contre le mur de ce réduit solitaire, on avait attaché des pots où des moineaux nourrissaient leurs petits. J'offris à ma belle de lui en attraper quelques-uns ; elle craignait que ma main trop pésante, ou l'excès de la précipitation ne leur fît mal et préféra de les prendre elle-même ; je l'aidai à monter sur une vieille caisse d'oranger qui se trouvait à notre portée, je la soulevai légèrement à la hauteur convenable pour s'y placer. La saison était brûlante et ses vêtemens très-légers.... Dieux! que de charmes je pressai!..... que de rondeur!...... que de fermeté!... mes mains ardentes serraient denx globes qu'auraient adoré les trois rois.... j'en glissai une vers le lieu si chère dès hommes ; mais une main prudente en défendait l'approche... et mon bonheur s'évanouit.

J'ignorais ce qu'elle aperçut ; mais je la vis demeurer immobile sur la caisse où je venais de la placer. Elle me fit signe et je m'y plaçai auprès d'elle... ah! quels objets ravissans, s'offrirent alors à notre vue !... une petite fénêtre de celte maison se trouvait ouverte ; des feuillages cachaient nos regards curieux aux yeux de ceux qui se trouvaient dans ce logis, nous fûmes à portée de tout voir et de tout entendre.

Un jeune garçon et une jeune fille qui tous deux n'avaient pas trente ans, s'habillaient pour aller au divertissement du village. Lucas, c'est le nom du jeune homme, n'avait plus qu'un caleçon avec sa chemise; Lisette sortant de derrière un modeste rideau, n'était encore vêtue que d'une simple robe blanche, et son sein n'était couvert que d'un léger mouchoir, elle ouvrit une cassette qui renfermait ses plus beaux ajustemens; elle les arrangeait pièce à pièce sur son lit : comme elle se baissait à chaque fois, le téméraire Lucas lui glissa une main libertine sous sa cotte de neige. Lisette fit un cri; mais le lutin s'en effraya peu, de l'autre main il enleva le fichue qui n'était point attaché; l'innocente se défend avec vigueur sans pouvoir lui faire lacher prise : déjà Lisette paraît nue jusqu'à la ceinture.... que de trésors sont couverts de baisers par l'amoureux Lucas !... La jeune fille accroupée sur ses genoux, le visage sur sa cassette, sa jupe et sa chemise retroussée jusques par dessus sa tête, se débattait en faisant mille efforts.... Dieux! que de charmes, son pied mignon renfermé dans un petit soulier jaune bordé d'un élégant velours noir, une jambe faite au tour couverte d'un bas de soie bien tiré attaché au-dessus du genou avec une rosette bleue.... des cuisses d'albâtre entre lesquelles paraissait un duvet d'ébène qui bordait une ceinture de roses; des fesses de satin, une croupe admirable.... sa figure était charmante, son teint, quoiqu'un peu renbruni, faisait douter de la blancheur du reste, sa gorge était semblable à celle de Vénus, tel était le portrait de la chaste Lisette.

Lucas paraissait un Hercule : grand, leste, bien fait, vigoureux et supérieurement bien proportionné, se montrait disposé à vaincre sa victime ; les coups de poings et les soufflets sont le prix de tant de caresses. Bientôt les pleurs remplacent la colère ; ils attendrissent son amant, il la relève. Lisette pâle, tremblante, honteuse, fâchée, s'assit sur la cassette pour reprendre ses sens ; Lucas à ses genoux implore le pardon de sa témérité, on le lui refuse, on le ménace... « Allez libertin, lui dit-elle, de ma vie je ne veux aller avec vous. Est-ce votre ami Robert qui vous conseille ainsi ?... allez, je vais tout dire à votre père.... Est-ce parce que je suis une pauvre orpheline que vous croyez me traiter comme une fille des rues de Paris ?... S'il ne me rend pas raison, j'irai plutôt garder les vaches, et servir les autres que de souffrir une pareille injure chez vous ; j'aime mieux être pauvre que libertine... »

Lucas demeure interdit de la sagesse

et de la sévérité de Lisette ; la menace
qu'elle lui fait de tout rapporter à son
père ne doit pas plus le rassurer ; un moment de desespoir succède au moment
de la crainte, son dépit se peint dans ses
yeux... Eh bien ! Lisette lui dit-il froi-
dement, puisque tu veux conter à mon
père ce qui vient de se passer entre nous,
dis lui que tu n'as pas voulu m'aimer,
tandis que je te chérissais de toute mon
âme, et que la crainte de son couroux et
le desespoir de te perdre me font prendre
la fuite, c'est moi qui vais m'en aller ;
peut-être vais-je m'engager ; peut-être
pour t'oublier ferai-je quelqu'autre folie ;
qu'il ne s'en prenne à personne ; ce n'est
que toi qui dois en être la cause.... tu es
sa nièce, tâche de le consoler en restant
avec lui, du chagrin que peut lui donner
mon abcence.

Ces ménaces peu mesurées, ces reproches irréfléchis portent le trouble dans le cœur de Lisette, elle conjure son amant de rester avec elle ; c'est de lui que dépend son bonheur... Hélas ! pour lui prouver qu'il est aimé, faudra-t-il cesser d'être sage ?... Mon bon ami, mon cher Lucas, reprit Lisette, je n'en dirai rien à ton père ; restes avec moi de grâce ; et s'il consent à nous unir un jour, nous pourrons être heureux ensemble....

Ce tendre aveu, cette douce promesse, cette aimable naïveté, qui peint si bien une âme pure et sensible ; rendent à Lucas ses premiers feux pour son amie ; jeunes amans qui vous plaisez à vous fâcher, c'est pour resserrer vos cœurs plus étroirement que l'amour vous inspire tant d'artifice !...

Au même instant leurs bouches se touchèrent, leurs langues se cherchèrent dans leurs baisers ; leur âme sur les bords de leurs lèvres, les énivrent d'avance du plaisir que tous deux désiraient goûter. Bientôt Lisette se trouve appuyée à son lit en n'opposant que peu de résistance, Lucas devient moins brusque; mais plus hardi... Transports d'amour brulants attraits de la jouissance et du plaisir qui paraissez à mes yeux; laissez un instant à mon âme enchantée, la force de vous peindre, et le calme de vous décrire!....

Jugez de la situatiou de Julienne pendant cette scène de passion, de vertu et d'amour, jugez aussi de la mienne!... obligés tous deux de nous taire par la curiosité qui nous y excitait, tous nos sens se trouvaient occupés pour laisser jouir le regard et l'oreille; il ne nous restait plus que le toucher pour nous communiquer les vives sensations dont nos âmes se sentaient ravies; le plus petit baiser aurait pu nous trahir, et nous étions trop avides d'entendre....

Pendant ce temps je parcourais par de voluptueux attouchemens les appas de ma belle Julienne, ma main caressait tour à tour son sein brûlant et sa cuisse divine. Par dessus ses vêtemens légers, je parcourais et je pressais avec une amoureuse avidité ses charmes les plus sécrets, aucun n'échappa à mes ferventes recherches ; mais j'abandonne cette digression déjà trop longue pour revenir à nos amans.

Lisette est prête de succomber, du désir elle sent l'ivresse ; enfin je la vois presque nue entre les bras de son amant,.... Il se montre dans le même état qu'elle. Il presse son braquemart fougueux vers cet antre si salutaire. Lisette se débat mais garde le silence ; il ne lui échappe que des soupirs et quelquefois ces mots, non, non, mon ami, quand nous serons mariés. Sa main jusqu'à ce jour novice et pure essayait encore d'empêcher le vainqueur d'entrer dans la place dont l'amour lui livre la jouissance.

Dans le cas si pressant, les circonstances sont toujours promptes et les momens abrégés, Lisette n'a plus la force de se défendre ; on n'entend que des soupirs, quelques petits gémissemens annoncent la douleur qu'elle éprouve par le doux plaisir de céder... sa main se glisse en vain vers l'endroit qui lui devient si sensible... nous la voyons les cuisses écartées et le regard fixé vers son amant... un cri perçant nous avertit de sa défaite,.. Lisette connaît le plaisir, et s'abandonne au gré du mortel heureux qui le lui fait goûter... Dieux! quels tableaux !... que n'ai-je l'éloquence d'en peindre les beautés et Lucas en vigoureux athlète, pousse des mouvemens qui font soupirer son amie; elle le presse dans ses bras ; il couvre son sein de baisers , ses fesses qui se serrent à chaque éjaculation qu'il lui porte prouvent l'excès de leur bonheur... Tous les deux demeurent pâmés dans l'ivresse de leur jouissance, j'augure même qu'ils s'apprêtaient à recommencer, quand une voix forte se fit entendre....

C'était le père du jeune homme, qui peut-être avait entendu quelque bruit indiscret. — Lucas es-tu là haut; que diable font-ils dans cette chambre? Lisette se précipite derrière le rideau, son amant saisit brusquement ses habits et s'élance vers la fénêtre où j'étais avec mon amie; il sort par cette ouverture; tout lui donne à connaître que nous étions présens à ce qui vient de se passer; il se jette à nos genoux pour implorer notre indulgence, nous lui faisons signe de s'évader, et dans l'instant il échappe à nos yeux.

Nous descendîmes du poste où nous étions juchés depuis près de deux heures ; nous aperçumes monsieur Audebert, et et madame de Nancré qui se promenaient avec ma tante ; la distance qui nous separait put encore me laisser le moment de parler à Julienne. — Eh bien ! lui dis-je, ma belle amie, vous avez vu l'expérience du bonheur dont je vous ai vanté le prix ?.... La plupart des animaux qui s'accouplent ne goûtent le plaisir que par un seul sens, et dès que cet appétit est satisfait tout est éteint. Aucun animal comme l'homme ne connaît les embrâsemens ; tout son corps est sensible, ses lèvres surtout jouissent d'une volupté que rien ne lasse ; et ce plaisir n'appartient qu'à notre espèce : enfin nous pouvons dans tous les temps nous livrer à l'amour et les animaux n'ont qu'un temps marqué ; si nous réfléchissons sur ces prééminences, nous nous croirons les plus heureux.

La volupté, reprit Julienne, n'est que l'appâs de la jeunesse et plus encore celui de la beauté ; trop souvent le plaisir n'est que l'effet d'une passion passagère, ou d'un caprice que l'habitude de la jouissance efface en faveur d'un objet nouveau ; les chagrins de l'inconstance surtout chez les femmes, est ce qui leur inspire plus de cruauté ou de méfiance envers les hommes. Si leur amour enfin les porte à nous aimer, convenez que leur gloire les rend bientôt perfides ; vous vous plaisez à être aimé, moi j'apprehende d'être aimable....

Je m'apprêtai à répondre à Julienne ; pour avoir le temps de le faire avant de joindre mes parens, je la fis asseoir dans une charmille, mais à l'instant ils vinrent nous y joiudre. Monsieur le professeur Audebert en était avec ses dames sur le même chapitre que nous, et sans quitter son ton grave et précis, il leur disait :

Comment les hommes ont reçu le don de perfectionner tout ce que la nature leur accorde; ils ont perfectionné l'amour, la prudence, la discrétion, le soin de soi-même, en flattant l'amour propre et les sens, augmente le plaisir du tact; l'attention sur sa santé rend les organes de la volupté plus sensibles; tous les autres sentimens entrent ensuite dans celui de l'amour, comme des métaux s'amalgament avec l'or; l'amitié, l'estime viennent au secours; les talens du corps et de l'esprit sont encore de nouvelles chaînes :

On peut, sans être belle, être long-temps ai-
[mable;
L'attention, le goût, les soins, la propreté,
Un esprit naturel, un air toujours affable,
Donnent à la laideur les traits de la beauté.

VOLTAIRE.

L'amour-propre surtout resserre tout ces liens, on s'applaudit de son choix, et les illusions en foule sont les ornemens de cet ouvrage, dont la nature a posé les fondemens ; ils sont basés sur la réalité des plaisirs. Héloïse put-elle encore aimer son amant quand il fut moine et châtré ? l'une de ces qualités faisait grand tort à l'autre.

» Mais Abélard était aimé. La racine de l'arbre coupé conserve encore un peu de sève et l'imaginatiou aide le cœur. On se plaît encore à table quoiqu'on n'y

mange plus. Héloïse vivait avec vous d'illusion et de supplément ; elle vous caressait quelquefois, et avec d'autant plus de
plaisirs, qu'ayant fait vœu au Paraclet
de ne plus vous aimer, ses caresses en de-
venaient plus précieuses comme plus cou-
pables. Une femme ne peut guère se
prendre de passion pour un eunuque ;
mais elle peut conserver sa passion pour
son amant devenu eunuque, pourvu qu'il
soit aimable.

» Il n'en est pas de même pour un amant
qui a vieilli dans le service ; l'extérieur
ne subsistant plus, les rides effrayent,
les sourcils blanchis rebutent, les dents
perdus dégoûtent ; les infirmités éloi-
gnent : tout ce qu'on peut faire, c'est
d'avoir la vertu de supporter ce qu'on a
aimé. »

» Je voulais applaudir et répondre au
discours philosophique de mon ci-devant

professeur, mais madame de Naucré m'imposa silence, par la raison que je ne devais pas être aussi éclairé que lui. Notre compagnie remonta paisiblement en voiture et nous retournâmes à Paris. Madame de Naucré, qui sans doute voulait être seule avec monsieur Audebert, ne nous ayant pas invités à nous reposer chez elle, je me retirai avec ma tante, mal satisfait du résultat d'un aussi beau jour, et du peu de succès de mon entreprise. En entrant au logis, nous trouvâmes un billet de la part d'une dame T...., que je nommerais Constance, qui nous invitait très-instamment à souper le soir même, et demandait qu'on lui fît réponse, au cas que nous ne pussions pas nous y rendre. Ma chère tante Abeline fut au désespoir de n'y pouvoir aller, car elle était intimement lié d'amitié avec cette dame; mais elle me pria de me transporter sur-le-champ chez elle pour lui présenter ses excuses et lui témoigner combien elle était affligée de ne pouvoir accepter une offre aussi flatteuse. J'obéis avec joie, et j'y fus à l'instant.

Madame Constance était une personne de vingt-six ans; son époux, absent depuis long-temps pour quelque mission diplomatique, la laissait dans un état d'inaction dont elle n'était pas plus contente, selon quelque confidence secrète dont elle avait fait part à son amie, et que furtivement j'avais entendu. Son physique était séduisant, sa parure, dout elle s'occupait extraordinairement, ajoutait encore à ses charmes; enfin, pour la définir eu deux mots, c'était une femme fastueuse qui put jamais se rencontrer. J'adressai mon compliment à cette dame, qui le reçut avec toute la politesse et la galanterie dont elle était capable. Mais, pour se dédommager du déplaisir de ne point avoir la tante, me dit-elle, consentez au moins que je garde le neveu.

Une invitation aussi attrayante me faisait espérer de trop heureux projets pour que je me permisse la moindre observation contraire à ses vues. J'acceptai la partie : ma docilité la charma et nous nous mîmes à table ensemble. La conversation pendant le souper ne fut pas brillante ; elle ne roula que sur la mode, le goût bisarre de nos aïeux, la danse, les spectacles et les acteurs, et mille autres bagatelles. Mais aussitôt que les valets se furent retirés après avoir servi le dessert, ce fut bien d'autres questions : elle me demanda mon âge. — Dix-huit ans, madame. — C'est charmant : ah ! pour la raison on vous en prêterait davantage. — A cet âge, vous sentez-vous de l'amour ou de l'amitié pour les dames ? —

Beaucoup. — Mais partagez - vous ces deux affections également, ou avez-vous plus de goût pour l'une que pour l'autre? — Selon que l'objet me semblerait aimable. — La réponse n'est pas positive. — Je vais la rendre plus claire, madame. Si j'osais me permettre de parler de vous, j'affirmerais bien sincèrement pour le plus fervent amour; mais, pour tout autre, ce ne serait que l'amitié. Un sourire gracieux fut le prix de ma réponse; elle baissa un instant les yeux, puis recommença ses questions..... Aimeriez-vous voyager? — Oui, madame, pourvu que ce fut avec la personne dont je viens de vous parler. — En amour, vous croyez-vous susceptible d'aimer le changement? — J'en serais incapable. — Pourquoi cela? — Parce que je fuirais les occasions qui pourraient m'y exciter. — Mais si l'on vous persuadait que celle que

vous aimerez ne vous fût point fidèle. —
Il faudrait que je me trouvasse en pareilles circonstances pour connaître ce dont
je serais capable. — Seriez-vous jaloux ?
— Jamais au-delà des bornes de la raison.
— Vous avez d'excellentes qualités, il
serait dommage qu'on vous les fît perdre.
— Je me trompe cependant, lui dis-je,
sur le fait de la jalousie ; car je suis bien
jaloux du bonheur que deux amans se
communiqueraient... — Bon, pas possible.... — Pardonnez. — Comment donc
ça ?

Je lui fis alors le récit voluptueux de
Lucas et de Lisette ; la chaleur de mes
expressions lui donnait à connaître jusqu'à quel point je fus transporté. Je re-
marquais sur ses traits et par ses soupirs,
combien ma conversation l'animait. Je
n'oubliais pas la plus légères circonstance, si ce n'est de Julienne, dont j'é-

vitai de lui parler. Enfin, si nous eussions été ensemble, lui dis-je en me jetant
à ses genoux, peut-être les aurions-nous
imités.... — Je n'en sais rien, reprit
Constance; mais si j'eusse été bien sure
de votre amour et de votre discrétion....
peut-être....

Le ton de langueur avec lequel elle
prononçait ces paroles me fit croire que
je pouvais tout oser. Je pris ses mains,
que je couvris de baisers; elle feignit
de ne pas s'en apercevoir. J'imprimais
les miennes sur tous les charmes que
je n'osais encore découvrir; un nouveau mouvement me devint favorable.
Constance était assise sur un élégant sopha; pour se mettre plus à son aise, elle
se coucha nonchalamment sur le coussin
droit, étendit la jambe gauche, l'autre
posait encore à terre, et je me trouvais
entre deux. Je n'éprouvai que peu de ré-

sistance pour dévoiler tant de beautés, néanmoins j'y parvins.... Dieux! quel dédale de volupté ! Psyché fut moins belle, l'Amour avait moins dé désirs. Constance est presque nue, sa jupe et sa chemise de lin sont retroussés jusqu'à son spencer. — Ah ! le libertin, me dit-elle, voyez comme il me met.... démon, veux-tu finir. — Oui, oui, mon adorable Constance, lui répondit-je, oui, mais permets - moi seulement un baiser... — Un baiser, polisson, en voilà plus de mille... Mon œil avide contemple à découvert des trésors bien dignes de l'être pour le bonheur de tout mortel : jambes d'albâtre et cuisses de satin reçoivent l'empreinte de ma bouche, et la ferveur de mes transports me fait braver toutes les craintes. J'entr'ouvre le céleste palais où nous donnons une âme à l'essence de nos plaisirs.... un poil blond et touffu en

La langue remplace le doit.

bordait l'ouverture..... mon doigt pénètre dans ce brûlant séjour ; tandis que je me préparais à y mettre autre chose , Constance serra les genoux en poussant un profond soupir. Je les écarte davantage ; ma langue ardente remplace mon doigt et parcourt le centre de roses.... Ma belle étend la main et me prend par le lieu sensible ; elle caresse avec douceur et volupté le chaud priape, qui brûle d'être en elle. Je sens ses cuisses contre mes joues ; sa main droite fortement appuyée derrière ma tête, m'empêche de bouger.... Fais, fais... mon... b... on.... ami, me disait-elle, encore, encore.... accordes-moi... ce plaisir, je t'accorderai tous les autres.... Constance à ce moment se soulève sur les talons et se raidit de toutes ses forces ; elle veut me mettre plus à propos au gré de sa jouissance, mon menton se trouve entre ses fesses,

3.

à peine ai-je l'aisance de respirer, tant elle me pressait contre elle.... Enfin, je sens l'éjaculation salutaire; je savourai cette semence féminine si nécessaire à nos plaisirs ; ma bouche, et jusqu'à ma cravatte, en fut imprégnée; je la goûtai avec délice, et la trouvai délicieuse ; elle porte une odeur suave, une substance onctueuse tant soit peu fade, mais bonne et agréable au goût.... De mon côté, Constance qui me provoquait au plaisir, reçut dans sa main le fruit ardent de mes désirs dont elle différa l'entière jouissance.

Nous nous relevâmes pour nous remettre un instant ; nous prîmes chacun un verre de marasquin ; je détachai ma cravatte et ma belle m'en fit cadeau d'une autre beaucoup plus précieuse. Je la remerciai de tant de gratitude, et cent baisers lui en valurent le prix. Constance se rajusta ; je lui en demandais la cause, tandis que je la trouvais admirable dans un si charmant désordre, elle me répondit : la décence.... J'implorai de nouveau la faveur de jouir complètement d'elle ; mais elle avait une crainte extrême, celle de la maternité. j'employai toute mon éloquence pour lui en ôter la frayeur : par de tendres attouchemens je la provoquais au plaisir... enfin à force de prières je parvins à la décider, en lui rappelant sa promesse, Constance était jolie mais elle était capricieuse, tant de laides le sont bien du moins ma belle n'avait pas de caprices maussades « puisque je te l'ai promis, me dit-elle, je dois tenir ma parole » je voulais la conduire à son lit ; mais elle ne le voulut pas ; nous retournâmes vers le sopha mystérieux, Constance s'y plaça elle-même à son aimable fantaisie : elle était couchée sur le côté droit, je relevai ses jupes et voulus me placer sur elle; il me fut impossible elle me répondit : tu sais que je n'aime pas que l'on me contrarie, mon ami, viens, je tiens ma pa...role ; Je suis trop bonne en vérité. Je me portai debout devant ma belle.... (1) ah ! mon ami.... approche, en grâce je t'en prie ; je te le permets.... mon cher Angeville....mais de la discré-tion... ah !.. Dieux... va vite — oui, ma chère, lui répondis-je, oui, ma petite Con-stance, ma discrétion sera le prix de ton amour.... et de ma.... flamme, c'est la première fois que tu me rends heureux...

Mes désirs n'étaient pas encore éteints pour leur donner leur première viguenr, je claquai légèrement les fesses de mon

______

(1) C'est le sujet de la première estampe, c'est ce qu'on appelle la jouissance en travers.

amie; mon autre main parcourait son sein admirable ; une seconde offrande à Vénus fut le résultat de ma victoire ; on ne voulut m'en permettre davantage ; car il était alors une heure après minuit, et l'on pouvait être en peine à mon logis. Un baiser délicieux fut notre bonsoir... dans ce moment la femme de chambre vint nous prévenir que l'on était déjà venu deux fois demander monsieur d'Angeville : tout me forçait à me retirer. Constance m'embrassa de nouveau et me dit qu'elle m'attendrait le lendemain entre six et sept heures du soir pour faire un tour de promenade et qu'elle avait bien des choses à me dire.

Je me retirai promptement au logis, ma tante, qui n'avait point voulu se coucher tant mon absence lui causait d'inquiétude, me vit avec plaisir ; et comme elle avait l'esprit bien fait, elle n'attribua mon retard qu'à la sollicitation de la bonne compagnie, qui probablement m'avait retenue jusqu'à cette heure.

Je dormis peu pendant la nuit, les appas de Lisette, les attouchemens de la prude Julienne et plus encore la jouissance de ma Constance, allumaient un feu dans mon âme qui me priva totalement du sommeil ; ce ne fut que vers le matin que je commençais à m'assoupir, quand je fus réveillé par mon laquais qui me remit une lettre, d'abord je ne voulais pas l'ouvrir dans le moment; mais ne connaissant point l'écriture et remarquant que ce ne pouvait être que de la main d'une femme, la curiosité me piqua , et je demeurai fort surpris de voir que c'etait de Julienne, cette lettre tout-à-fait charmante demandait une réponse ; elle s'expliquait ainsi, et ne portait point d'adresse ; mais elle était signée ; Julienne.

« Si vous réfléchissez, monsieur, à la manière froide avec laquelle on s'est quitté hier, vous ne croirez sûrement pas que je puisse y avoir part ; maman voulant être seule avec monsieur Audebert ; vous ne devineriez jamais pourquoi, je me réserve à vous le dire de vive voix sitôt que nous pourrons nous voir. J'espère ne point avoir à me repentir d'une démarche aussi inconséquente, c'est pourquoi je vous fais cette proposition : le mot vous paraîtra peut-être un peu leste ; mais puisqu'il est écrit, c'est une e rreur que je ne veux point raturer. »

Erreur n'est point une licence,
Ce n'est qu'un faible d'esprit ;
Souvent on écrit comme on pense ,
Sans penser à ce qu'on écrit.

« Nous devons aller après demain à

à l'opéra ; je n'y serai pas seule et vous vous doutez qui doit être avec moi ; ainsi trouvez quelque moyen pour que nous puissions nous parler... »

Ce billet me mit au comble de la joie et je ne m'y attendais pas. Je m'occupai de faire sur-le-champ la réponse qu'attendait Julienne.

« — C'est avec le plus tendre empressement, mon adorable, que je souscris à la plus flateuse proposition.... »

Erreur n'est rien , mais la licence
Inspire l'amour et l'esprit ;
On sait toujours bien ce qu'on pense
Quand on pense comme on dit.

« — A l'issue du spectacle, une personne vous présentera un bouquet à la porte de la salle; faites en sorte de la suivre et je suis à vous. »

Mon valet fit entrer la personne affidée qui attendait ma réponse ; c'était une espèce de fille de chambre assez jolie, âgée d'environ quinze ans ; mais qui paraissait peu convenable au métier qu'on lui faisait faire ; elle me fit quelques signes en recevant la lettre ; d'abord, je ne la compris pas, et j'augurai que dans la crainte d'être entendue elle me jouait la pantomime. — Je ne vous comprends pas, lui dis-je, à mon articulation la commissionnaire pâlit, paraît déconcertée, et me répond en balbutiant. — Ce n'est pas vous, monsieur, qui vous nommez monsienr Lindon ?.... Me doutant de quelque méprise, je répliquai sans hésiter : Mademoiselle, c'est moi-même. — Non, cela n'est pas possible, votre domestique m'a trompée.... — Comment cela ? — Parce que vous n'êtes pas muet.... Ah ! mon dieu, comment réparer ma bévue ?...

En effet, si c'eut été bien à moi qu'on eût envoyé la lettre, à quoi bon tant de façons; j'aurais tout simplement été à l'opéra, j'y aurais guetté ma belle, je me serais évadé avec elle, sans qu'il fut besoin d'employer un tiers.... Mais qu'aurait entendu un sourd-muet à l'opéra?

Je fais asseoir la jeune personne, je la gratifiie pour sa peine, et je lui promets encore plus forte somme, si elle veut m'instruire de tout ce dont elle a connaissance relativement à sa mission. L'apppât du gain la séduit à mon gré, et j'apprends par sa bouche qu'une demoiselle de Naucré demeurant rue.... a remis ce billet à sa marchande de modes pour le faire parvenir à l'adresse qu'elle donna verbalement. Après m'être fait bien tout expliquer tant sur la demeure que sur le physique de la personne, rien ne me laisse à douter que ce ne soit ma perfide

Julienne, j'apprends encore que la connaissance s'est fait dans un cercle de beaux esprits, où madame de Naucré, se rendait fréquemment avec sa fille, et qu'un jour celle-ci y étant allée seule, M. Lindon eut la faveur de la reconduire.

Ce personnage logeait effectivement dans le même hôtel que moi; c'était un jeune muet fort riche, à qui mon cher professeur Audebert enseignait les mathématiques et la géographie; il était le bâtard d'une maison puissante et dépendait d'une femme de charge qui gouvernait sa maison. La marchande de modes bien payée de M. Lindon, faisait valoir son ministère avec lui et son état avec Julienne, tant il est vrai que rien n'est tel que l'industrie... Pour jouer particulièrement mon rôle dans cette affaire, je recrivis mon billet que je signai Lindon.

Je pris alors dans un sac deux écus de

six livres que je remis avec le billet à la
jeune messagère, à qui j'en avais déjà
donné autant ; voyez combien ma chère,
lui dis-je, les femmes sont trompeuses ;
j'aime Julienne pour le plus sage motif,
et voilà le trait qu'elle me joue... Ah !
si je pouvais avoir le bonheur d'être aimé
de vous, nous ne chercherions point d'in-
trigues ; je suis assez à mon aise pour
subvenir amplement à vos dépenses, sans
que vous soyez obligée de rester chez
autrui pour y porter les billets doux et
vous tromper de porte. Si vous voulez
être docile, bonne et sincère, je vous
offre tout ce que je possède. Elle ne me
répondait pas ; ses yeux se portaient furtivement sur mes bijoux, sur mes meubles et plus encore sur le tiroir de mon
secrétaire ; mais elle ne soufflait mot,
est-ce, repris-je, votre fausse commission
qui vous inquiète ? Hélas ! oui, me dit la

petite : Eh bien ! Lindon est mon ami, je vais le voir et lui remettre le billet que vous m'avez apporté avec la réponse que je viens de vous faire, ce ne sera pas moi, ce sera lui-même qui se rendra au rendez-vous que donne Julienne, par ce moyen votre objet se trouve rempli sans encourir aucun reproche. Voyez combien je vous suis obligeant. Si au contraire vous persistez à m'être cruelle, je me servirai de la preuve que vous m'avez remise pour me venger de mon ingrate...

Quand la négative est pressante, il s'agit d'être entreprenant. J'attirai Rose sur mes genoux ; elle n'osait me résister entièrement ; mais ses gestes simples me donnaient plus de désirs ; je touchai à son petit centre, séjour enchanté, qui ne fait naître notre vigueur que pour montrer notre faiblesse ; bijou plus attrayant quand il nous est encore inconnu ;

4.

asyle heureux où nous aspirons pendant des années pour n'y séjourner qu'un moment!... Rose, ma bonne amie, lui dis-je, avec transport, aimons-nous, qui peut oser nous le défendre?... A ces mots je la presse dans mes bras, j'imprime ma bouche sur ses lèvres, ma langue se joint à la sienne; douces prémices du bonheur... laissez-moi votre souvenir...

Par un tendre chatouillement, je transporte l'âme de Rose, je sentais déjà se mouiller les bords vélus de sa fente délicieuse, quand je la vis penchée sur moi, je glisse une main sous ses fesses, et de l'autre je la soutiens, je la porte sur mon lit dans l'attitude la plus étrange : sa bonnette tombe par terre peu m'importe, je n'abandonne point la proie que je veux consacrer au plaisir; ma Rose enfin, est où je le désire; mais, ah! dieux, jugez de sa posture, froids lecteurs et transportez-vous, sa jambe droite inclinée vers la terre, et le pied gauche appuyée contre mon épaule.

Dans cet extase ravissant, j'étais au comble de l'ivresse ; je m'introduisis au sanctuaire de Vénus, je ne pus y entrer qu'avec peine tant il était étroit. Dès que j'y fus, Rose me repousse avec force ; ce n'est plus une tendre colombe qui fraie avec son tourtereau, c'est un lutin qui redoute l'éjaculation que termine le plaisir : elle craint de devenir mère, et cette crainte-là suspend tous ses désirs.

Non, non, c'est assez... je t'en prie... en voilà assez... ah ! dieux... Au même instant elle appuie ses genoux contre moi, pose ses talons contre mes épaules ; dans cette posture elle retire promptement mon braquemart de l'endroit où il était pour le placer dans le lieu voisin ; j'écarte les deux globes ronds et charnus qu'on nomme l'enclume amoureuse; Rose lève les cuisses jusqu'à ce que ses genoux touchent presque à son sein. Le sperme qu'elle venait de répandre est favorable à ma situation. J'avoue que si pour y entrer il m'en a coûté plus de peines, je n'en eus pas moins de plaisir.

A l'issue de cette scène singulière, je demandai à Rose par quel étrange caprice elle en usait ainsi; pourquoi enfin elle préférait l'amour socratique, elle me répondit que son amant ne l'avait vue qu'une fois par force; mais que dans toute autre occasion amoureuse elle ne lui permettait que cette jouissance là. Elle m'avoua qu'il était officier au service et était mort depuis six mois, alors sa mère l'avait placée en qualité de femme de chambre, chez madame S... marchande de modes, rue... Je lui fis plusieurs petits cadeaux en l'engageant à venir me voir; elle les reçut les larmes aux yeux, et me donna sa parole dans huit jours : un baiser nous sépara.

Qu'on se figure combien je suis fâché de la perfidie de Julienne, et combien je voulais me venger d'une telle injure ; mais moi-même suis-je plus sage qu'elle, me dis-je, non, hier je lui jurai de n'aimer qu'elle, le soir même je lui suis infidelle avec Constauce ; et quand je ne l'aurais pas été..... voyons, ce billet est daté d'hier en me quittant même, parconséquent la connaissance était antérieure à ce jour... donc en recevant mes sermens, Julienne se sentait coupable, rien est moins douteux, il faut m'en venger ; cependant j'ai promis à cette petite Rose de ne point lui causer de peine... comment faire ?... il faut m'en venger de manière à ne point compromettre Rose.

Après m'être habillé, je fus rendre mes

devoirs à ma tante, et je fus voir un de nos amis; j'avais besoin de son conseil relativement à mon infidelle, il me promit de me servir et sur un plan concerté entre nous, nous établîmes nos batteries; mais il ne faut pas oublier le rendez-vous que m'a donné la voluptueuse Constance. Je fis ma toilette dans le dernier goût pour me rendre chez elle, et j'y arrivai quelques minutes après l'heure marquée, madame m'en fit quelques reproches, je m'excusai sur le temps, sur les visites, et sur ma montre qui m'avait trompé. Je lui proposai d'aller du côté de Choisy, elle en décida autrement. Où as tu vu ces deux jeuues gens dont tu me fis le récit hier soir. — A Neuilly, ma bonne amie. — Eh bien! je veux aller de ce côté et nous partîmes.

Madame fit arrêter sa voiture et ses gens sur le bord de l'eau; nous nous promenâmes à pied jusqu'à l'endroit qu'elle désirait voir ; nous entrâmes dans la maison du jardinier sous prétexte de nous rafraîchir ; on n'y vendait rien, cependant je dis au vieillard qui nous répondit, madame est très-fatiguée ; nous avons fait un long trajet à pied ; nous n'avons pas nos gens avec nous pour nous servir ; ainsi monsieur si l'on peut en payant tout ce qu'il faudra, prendre chez vous une légère collation cela pourra nous suffire. Le vieux Robert, homme pas plus poli qu'il ne le faut pour être grossier, se décide à cette offre pécunaire. On lui donne de l'argent pour pourvoir à la dépense ; aussitôt il appelle Lucas et Lisette. « Allons, preste, leur dit-il, vous danserez demain ; vous avez assez dansé hier, aujourd'hui il faut servir, monsieur et madame ; allons morbleu soyez alerte comme moi, (il ne faisait pas vingt pas dans une demie heure) : allons la table, une nappe et des couverts, qu'est-ce que monsieur et madame souhaitent ? — Ah ! mon dieu, mon cher, reprit Constance, la moindre chose, une petite salade, chacun un pigeon rôti, un plat de raie, un poulet fricassé et du dessert. »

Robert, qui voyait un bénéfice auquel il ne s'attendait pas, redouble d'activité, il se hâte lentement et court chez un restaurateur qui n'est pas éloigné pour préparer ce qu'on lui demande; pendant ce temps Lucas et Lisette s'occupaient à nous apprêter ce qu'il nous fallait. Constance faisait des efforts pour s'empêcher de rire surtout quand le vieux bonhomme leur dit qu'ils avaient assez dansé la veille; d'un autre côté nous jouissions encore d'une nouvelle scène, c'était toujours Lisette qui apportait les verres et les assiettes, parce que Lucas qui me recon-

naissait fort bien, appréhendait de se montrer ; son amante qui probablement n'i-
gnorait rien, rougissait chaque fois qu'elle
approchait de nous et se retirait brusquement.

Constance m'excitait tout bas à leur
parler.... Lucas, — Monsieur, — Comment vous portez-vous, mon ami ? —
Bien monsieur ; vous me faites honneur,
vous avez bien de la bonté. — Et votre
aimable petite amie ? — Vous la voyez
monsieur, elle se porte aussi bien que
moi ? — J'en suis charmé ; mais dites-moi
entre nous, entre amis, où avez-vous pu
vous sauver hier après nous avoir parlé !
— Ah! ah ! oui, vraiment, je suis bien
embarrassé.... C'est monsieur, qu'est le
monsieur ; tu sais bien Lisette je que t'ai
conté que.... Lisette, reprit en baissant
les yeux, dame moi je ne sais pas. — Il
me répondit alors, monsieur, je m'suis

sauvé derrière une charmille pour avoir le temps de remettre ma culotte et ma veste, et j'ai sorti par la porte du jardin avec les autres. — Où allez-vous danser ordinairement?... — Pas loin, monsieur, à l'entrée du bois de Boulogne, de ce côté-ci. — Eh bien! reprit Constance, nous irons ensemble ce soir, je veux danser avec vous, et mon ami avec votre amante. — Ah! dame c'est que j'noserions pas aller avec une belle dame comme madame et monsieur. Sifait, sifait, qu'est-ce que cela dit donc, vous plaisautez; chacun se vaut dès qu'on est honnête. Allons puisque vous le voulez, je le veux bien aussi; mais il nous faudra demander la permission à mon père. — Non, laissez-moi faire.

Le vieux Robert rentra, et pour comble de bonheur, il n'avait point trouvé ce qu'il nous fallait, il nous offrit son fils et sa nièce pour nous conduire et nous servir dans la maison qu'il nous enseigna. Nous lui donnâmes six francs pour le gratifier de sa peine, et nous partîmes tous les quatre pour nous rendre au lieu indiqué. Nous y trouvâmes maison bien montée, chère délicate et vin excellent; en un mot, le repas fut splendïde. Nous engageâmes Lisette et Lucas à se mettre à table avec nous, et la conversation s'anima à mesure que les esprits s'exaltèrent, je fis à Lisette le récit de tout ce que j'avais vu la veille; je lui peignis le plaisir qu'elle m'avait paru goûter lorsque je la vis nue entre les bras de son amant; ses joues se colorèrent d'un nouvel incarnat à chaque phrase de ma conversation, la pudeur et le désir brillaient à la fois dans ses yeux. Lucas, Constance et moi nous éprouvions la même sensation qu'elle; nous étions tous les quatre dans un appartement à part, nul importun, nul indiscret ne pouvaient nous interrompre. Je leur fis une proposition qui d'abord ne fut acceptée que de mon amie; mais l'effet du Champagne eut bientôt applani toutes les difficultés et réalisé nos projets.

Constance et moi nous ne regrettions jamais rien pour satisfaire nos fantaisies, heureusement nous en avions les moyens; elle prit une bourse qu'elle donna au gentil Lucas, sous la promesse de jouir avec elle, et moi je fis aussi mon cadeau à la fringante Lisette pour m'en laisser faire autant. Nous préludons alors au plaisir par les plus voluptueux attouchemens; le vin avait allumé nos esprits; nos attitudes irritaient encore plus nos sens, d'abord se sont les charmes de nos belles qui reçoivent nos hommages; Lisette est la première que nous couchons sur un lit qui se trouvait fort à propos disposé pour nos amoureux ébats. Ah! déjà son sein charmant s'offre à nos yeux avides de beauté; ses jupes retroussées le plus haut possible nous laissent voir des trésors que je ne connaissais que trop imparfaitement; ils sont l'objet de nos baisers de flammes. Constance et Lucas lui écartaient les genoux et tour à tour nous imprimons nos lèvres sur ses appas délicieux; son ventre, ses cuisses de satin et sa coquille de roses bondée d'un poil couleur d'ébène nous électrisent par leurs attraits, chacun de nous y porte le doigt et la langue pour en sentir l'ardeur brûlante. Constance la tribade, la lubrique Constance nous repousse Lucas et moi; elle se place sur Lisette et l'excite encore au plaisir; cette posture nous fait trouver derrière elle; nous relevons ses vêtemens; ainsi baissée, sa croupe rebondie et ses fesses d'ivoire animent nos regards amoureux; Lucas

5.

qui devient toujours plus hardi, entr'ouvre sa fente blonde; elle s'incline
davantage pour se prêter à recevoir les
mêmes chatouillemens que l'aimable Lisette.

Après cette scène de volupté qui se
passe dans le silence du mytère; car nous
n'avions pas le temps de parler, il fut
question que Lucas jouirait de Constance
et moi de son amie, nous prîmes chacun
un verre de liqueur; il nous faut maintenant, nous dit ma friponne de Constance, couronner l'œuvre par l'œuvre qui
doit la couronner. Viens, mon cher Lucas,
je brûle pour toi, viens dans mes bras
jouir de ta bonne amie; tu reprendras
Lisette après qu'elle aura fait cela avec
d'Angeville, il m'en fera autant après,
et nous vous recondnirons chez votre
père.

Nous ne délibérâmes pas lonsg-temps

Une partie Carée sur le, même lit.

sur la proposition, car nous n'avions pas goûté Lucas et moi autant de plaisir qu'en avaient éprouvé nos belles ; je sentis que chacune avait une certaine humidité sur les lèvres de son bijou velu, qui me donnait à connaître que l'entrée de ce séjour heureux nous serait plus voluptueuse. Cconstance en embrassant Lucas fut conduite par lui sur le lit du côté de la ruelle ; là dans l'attitude la plus libre, les pieds élevés, appuyés contre le mur, et les cuisses fortement écartées, elle se soumit à la vigueur de l'aimable jeune homme ; moi et Lisette nous étions dans la même position qu'eux sur l'autre bord du lit, ses jambes sur mes épaules, nous nous trouvions si près les uns des autres que mutuellement nous embrassions nos belles.

Par un rafinement de volupté qui prête encore de nouveaux charmes à la jouissance, je glissai ma main droite sur le ventre de Constance, puis plus bas, puis enfin jusqu'à la petite excroissance que l'on nomme vulgairement le clitoris ; du bous du doigt je chatouillais habilement cette partie qui fait pâmer les femmes. Lucas à mon exemple en fit autant à Lisette, toutes deux éprouvaient un double plaisir, tandis que nous caressions doubles charmes. Dieux ! quels momens fortunés !... pourquoi ne sont-ils pas durables !... nous ne proférions que ces mots... as-tu du plaisirs ma bonne amie... oui... oui.... mon bon ami... fais... fais.. vite.., baise-moi bien... mon bon ami.... Ah ! Lucas... sens-tu ça comme moi... ah ! dieux... je n'en puis plus.... Constance moins réservée mais plus voluptueuse prononçait en poussant d'amoureux soupirs. — Va, va, mon ami... encore mieux si tu peux..... d'Angeville...

fais moi sentir ton doigt.... de grâce....
Lucas... mon tendre ami.... fais en autant à ma Lisette.... que nous ayons chacune le bonheur de jouir à la fois avec
nos deux amans.... Ah!... ah!... je me
pâme.... je... je me meurs de plaisirs....

Nous nous reposâmes ensuite tous les
quatre, car nos amantes ne voulurent
point nous permettre sur le champs d'offrir deux sacrifices à Vénus. Nous con-
sommâmes le reste du dessert; nous
prîmes le café et la liqueur; mais puisqu'il était convenu que nous repren-
drions nos amantes respectives, je ne
voulus point m'en départir, la conven-
tion était trop attrayante pour que chacun voulut s'en éloigner. Je proposai de
nouvelle manières, et nous n'en fûmes
que plus satisfaits; Constance se mit à
genoux sur un vaste canapé; les coudes
et le visage appuyés sur un oreiller, Lu-

cas qui était demeuré sur un fauteuil fit mettre sa Lisette à califourchon dessus lui; nous jouissions mutuellement du spectacle de voir le tremblottement de la croupe de nos amantes, et d'entendre le léger claquement que chaque mouvement produisait; et malgré qu'elles se fussent servi de leur mouchoir, nous sentîmes que leur bijou brûlant était encore amplement humecté de l'effusion de nos désirs, à laquelle nous joignîmes celle de la récidive.

Nous nous séparâmes enfin, Lisette et Lucas qui furent comblés de nos largesse s'épousèrent quelque temps après, et partirent pour la Touraine où un certain oncle leur avait laissé quelques propriétés; j'ai appris depuis qu'ils y vivaient très-heureux d'être ensemble.

Nous rejoignîmes les gens et la voiture de ma Constance, je la reconduisis chez

elle, et je pensai a retrouver le lendemain l'ami qui m'avait donné parole pour
me venger de la perfidie de Julienne de
Naucré aux depens de monsieur Lindon.

———

A dix-huit ans on n'est pas exempt de folies.

Le personnage qui voulait me servir
dans cette occasion était un maître sire;
en fait d'amour et de malice, il avait été
trompé tant de fois, qu'enfiin il apprit
a tromper les autres, ou tout au moins
à éviter de l'être; finalement monsieur
Albino était dans le cas de soutenir une
querelle et incapable d'abandonner un
ami.

Le jour indiqué par le billet de mon
infidèlle n'étant point celui où l'on de-

vait donner opéra, nous nous imaginâ-
mes être joués par un nouveau subter-
fuge; mais ayant appris que ce retard
n'était occasionné que par qnelques ré-
parations qu'on avait voulu faire au
théâtre, nous ne perdîmes point espérance, d'ailleurs Rose, que je voyais quelquefois, me prevint à l'instant favorable.
Une femme affidée guetta Julienne monter en voiture pour se rendre à l'Opéra :
elle l'y suivit, entra dans le spectacle, vit
la loge où elle se plaça. Pour ne point la
perdre de vue elle se munit d'un superbe
bouquet, et passant de temps à autre devant le lieu où était ma perfide, elle par-
vint à se faire remarquer d'elle au point
que celle-ci ne douta point que cette
femme ne fut la messagère de son intri-
gue avec Lindor.

Albino et moi nous étions à un rendez-
vous préparé pour l'exécution de notre

projet sous le prétexte de prendre l'air
entre deux actes; Julienne impatiente,
sortit, joignit la personne qui sans lui
souffler mot, lui offrit le bouquet, et la
suivit; une voiture à portée les attendait et
les conduisit dans le local où nous étions
à les attendre.

Tout y était preparé pour nous soustraire à sa vue, Julienne entra avec son
introductrice, ses regards se portaient
sur tous les objets qui garnissaient l'appartement, elle s'assit, et la femme res-
sortit pour savoir où était monsieur Lindor, il devrait y être cependant, ou il
n'est point loin d'ici ; en s'en allant elle
éteignit sa lumière et revint sur ses pas :
imprudente, lui dit Julienue; pourquoi
n'avez-vous pas eu la précaution d'en allumer une autre, toutes deux furent les
cendres et cberchent le briquet, soins
inutiles; il leur est impossible d'allumer

du feu ; il faut en aller chercher quelque part. C'est le plus court, reprit la messagère d'un ton fâché, je me suis si fort empressée pour vous aller trouver que j'ai oublié le plus nécessaire ; encore si monsieur était ici, il vous tiendrait compagnie ; mais non il vaut mieux qu'il n'y soit pas, peut-être se fâcherait-il de mon imprevoyance. Allons je vais me hâter de reparer ma sottise. A ces mots elle rouvre la porte en lui disant, ah ! le voilà, et la tire fortement après elle ; je sors de derrière le rideau où je m'étais tapi et je m'avance vers Julienne ; nous nous trouvons dans la plus grande obscurité, elle me croit son cher Lindor ; et cumme il était sourd et muet je me retins de lui parler ; je brusque les circonstances en l'entrainant vers le lit ; en un clin-d'œil ses appas sont au pillage. Elle se fâche, se débat avec force, en disant à

voix basse, je ne l'ai point encore vu
comme ça; il faut qu'il ait bu pour être
aussi brusque le manant; comment lui
faire entendre raison? Ah! mon Dieu,
que je suis donc malheureuse; il était si
complaisant la dernière fois.... le plus
prudent c'est de le laisser faire avant que
cette femme n'arrive.... Oh! le butor....
s'étant décidément résolue à se laisser
faire pour n'avoir point à se défendre si
long-temps, et s'éviter d'être chifonnée
davantage; elle se poste contre le lit,
se retrousse elle-même, et s'écarte avec
soin. Je lui lève les cuisses et la fais tomber à la renverse par-dessus, et sans autres caresses j'introduisis avec précipitation mon vigoureux postillon dans le lieu
que lui présentait Julienne. A peine y
suis-je, que par un mouvement le plus
inespéré la friponne reconnut que ce
n'était point son amant. Elle glissa sa

main par dessous sa fesse saisit les deux grélots velus qui sont toujours les témoins à la douce affaire ; après les avoir soigneusement tâtés elle fit un cri, en disant : malheureuse, je suis trompée, mon amant en a trois....

Je luttai toujours contre les efforts qu'elle faisait pour se dégager de mes bras, et j'aurais assurément triomphé si mon imprudent Albino qui sortit tout à coup de sa cachette n'eût tout empêché. Il ouvrit une petite lanterne sourde dont il s'était muni et parut en lui disant ; si votre amant vous en fait sentir trois, la belle, moi je vais vous en faire présent de quatre, et cela sur le champ.

Nous n'étions point convenus Albino et moi du signal que j'aurais du lui faire pour qu'il ne parut qu'à propos. Jugez de la surprise et de la honte de Julienne dans un moment aussi critique. Jugez de sa confusion en se voyant dans un si grand désordre entre deux hommes, dont l'un la prend pour une putain, et moi pour une fausse prude ; ma contenance n'était pas moins critique ; car ma proie m'ayant échappé, je paraissais vaincu moi-même pour en avoir voulu vaincre un autre.... Mon cher monsieur d'Angeville me dit alors Julienne en me prenant les mains, ne me perdez point de réputation, je vous en supplie ; intéressez-vous pour moi auprès de votre ami pour m'accorder la même grâce.... Laissez-moi aller ; une compagnie qui est avec ma mère doit m'attendre ; je me suis servie du prétexte que la chaleur m'incommodait pour m'esquiver un moment, je les ai trompés, j'en suis bien punie, grand Dieu !... laissez moi m'en aller avant que cette femme ne revienne....

Albino l'assura qu'elle ne reviendrait

6.

point; mais que lui, allait envoyer son laquais chez madame Naucré, pour lui mander de venir chercher sa fille qui a donné un rendez-vous amoureux à un certain Lindon, sourd et muet.... Par la seule raison qu'il en a trois, en l'assurant aussi que nous lui remettrions la lettre... Les pleurs, les plaintes et les supplications de Julienne m'attendrirent; mais Albino demeura inflexible.... Enfin, on en vint aux accords; la capitulation était précise, et quand le danger est pressant les sacrifices ne coûtent guères. « C'est donc à tous les deux, nous dit en tremblant la belle, qu'il faut que je me prostitue, pour obtenir la grâce que je vous demande. — Oui, ma chère, lui répond mon ami, avec un peu plus de douceur; ce sera l'affaire d'un quart-d'heure, vous accorderez à d'Angeville le bijou dont vous lui aviez laissé la jouissance, quant à moi,

c'est différent; chacun à son caprice, je
vous demande le bisarre voisin, cela ne
peut être bien long; il est huit heures
un quart, à neuf heures vous serez chez
vous bien avant même que l'opéra ne soit
fini... D'après ce, je vous jure ma parole
que nous serons tous deux aussi sourds-
muets que Lindon, et nous vous rendrons
le billet que vous lui avez envoyé......
Eh bien! ma proposition est-elle acceptée?.... Puisqu'il le faut répondit Julienne, en évitant de nous fixer... Allons,
soit.... Viens d'Angeville, et toi aussi ma
belle.... Voyons.... voyons, examinons
ensemble tous les trésors dont jouit ce
monsieur Lindon.... Nous allumons deux
flambeaux sur la table de nuit et deux
autres sur la cheminée; à la proximité
de la lumière, nous amenons notre victime et nous considérons dans le plus
grand détail les charmes qu'elle aban-

donna à nos désirs ; nos attitudes sont plaisantes : Julienne est debout au milieu de nous ; Abino lui relève les jupes par derrière, tandis que j'en fais autant par devant, les épingles de son fichu que nous lui ôtons, nous servent pour attacher sa chemise de chaque côté ; chacun de nous adore le temple où il brûle de se fixer. Albino écarte ses fesses rebondies, le sentier lui paraît trop étroit, pour s'en rendre l'entrée plus facile, il humecte avec sa langue ; moi plus heureux, ma route était frayée, je venais d'en juger l'instant d'auparavant, après avoir ainsi provoqué ma belle au plaisir, nous nous introduisons tous deux dans le centre qui nous convient... La pauvre Julienne ne soufflait pas le mot, quelques soupirs échappés à regret ne se faisaient qu'à peine entendre ; pour nous faciliter davantage ou pour que sa honte soit

Jouissons tous les trois ensembles.

moins longue, elle ouvre les cuisses, nous jouissons tous les trois ensemble, elle sent et reçoit à la fois l'effusion mutuelle de nos désirs, par ce voluptueux mouvement Albino lui disait, ma bonne amie, tu en sens quatre.

Cette scène fut courte, mais heureusement terminée ; nous procurâmes à notre amante commune tout ce qu'il lui fallait pour faire sa toilette, elle en avait vraiment besoin, nous bûmes ensemble un flacon de vin de Madère ; notre belle alors prit congé de nous, une voiture la remit chez elle.

Je ne pus m'empêcher en quittant Albino, de lui témoigner combien l'affront qu'il venait de faire à Julienne m'affligeait, et je lui représentai que nous aurions pu ne point pousser les choses si loin. — Quoi, me répondit-il, nous n'avons poussés les choses qu'au point où elles doivent aller ordinairement ; par conséquent je ne vois pas que nous ayons été trop loin ; tout le monde a sa manière de voir, comme chacun à sa façon de penser.... Moi, je ne trouve aucun mal à cela.

Tout plaisir qui ne tend pas au scandale, doit être permis ou au moins toléré.... En son particulier notre belle se serait moquée de nous, si nous eussions eu la faiblesse d'en agir autrement. Un vieux philosophe nous dit que dans le principe de la création, un certain Être-Suprême ne forma qu'une créature de chaque espèce ; il s'il s'aperçut bientôt qu'il s'était trompé, pour remédier à sa bévue, il divisa chaque créature en deux parties l'un fut le mâle et l'autre la femelle, pour qu'ils connussent le bonheur de se reproduire et de jouir entr'eux, et c'est depuis ce temps que les deux moitiés de cette première créature cherchent sans cesse à se joindre ensemble.

Il se faisait déjà tard, et comme je ne voulais point laisser à ma tante un motif de mauvais soupçon, ni de fâcheuse inquiétude, je rentrai au logis aussitôt que j'eus pris congé d'Albino. Le portier me prévint que l'on m'attendait avec impatience ; parce que nous avions quelqu'un à souper. La curiosité m'excita à remonter plus vite, voir la compagnie qui venait de nous arriver. Je fus fort agréablement surpris d'y trouver une jeune personne de seize ans, son teint ne brillait pas de ces couleurs empruntées que mettent souvent les grandes dames, ou celles qui les imitent, il surpassait les roses et les lys ; la pudeur colorait souvent ses joues charmantes ; le feu de l'amour pétillait dans ses regards, ils pénétraient les cœurs de plaisir et de volupté ; un doux sourire achevait de l'embellir. Lorsqu'elle s'abandonnait à un rire enjoué, on découvrait des dents d'une blancheur ravissante. Un léger spincer pressait sa taille fine; son mouchoir disposé artistement, montrait les contours d'une gorge dont le mouvement précipité, attirait tous les yeux; ses bras étaient l'ouvrage des grâces, et son pied aurait donné de nouveaux charmes à Vénus... Mais quoi! j'ose entreprendre de tracer le portrait de Lucille, car c'est ainsi qu'elle se nommait; sa beauté le rend impossible. Elle était accompagnée d'une dame âgée d'à peu près trente-six ans, grande, bien prise dans sa taille : intéressante par sa figure qui était encore très-fraîche, du reste costumée à la mode, point trop élégamment. Nous avions de plus deux jeunes gens guères plus âgés que mademoiselle Lucille, tous deux avaient un physique généralement agréable, raisonnaient peu, mais prudemment. Enfin, le dernier des convives était le frère de M. Audebert, naguère mon professeur, et si l'on peut s'en rappeller, maintenant le consolateur et le visiteur de madame de Naucré, etc., etc...... Ce frère maternel s'appelait Osmond ; c'était un grand drôle brun à sourcils noirs, carré et taille à profil, l'œil vif, la jambe belle et nerveuse, la démarche altière, au demeurant il ressemblait au vigoureux étalon d'un couvent de cordelier.

Ma tante, après m'avoir présenté à toute la compagnie que je n'avais point encore l'honneur de connaître, comme je n'en étais pas connu ; nous fit mettre à table, j'eus la faveur d'être placé à côté de Lucille ; un feu brûlant s'alluma dans mes veines, je sentis mes yeux s'animer, je repris un nouvel être. Oh ! beau sexe que j'adorerai toujours, si tu pouvais toujours m'être sincère, reçois ici un hommage que je dois te rendre, en t'aimant on est heureux, sans toi, il n'existe point de bonheur; mais achève de remporter ta victoire, que tout l'univers soit soumis à tes lois. Que tes soupirs, que ta voix nous fassent tomber les armes des mains; empêche-nous d'être cruels, c'est là le terme de ton triomphe.

> Traitez-moi de fou, d'imbécille,
> De libertin, de suborneur.
> Peu m'importe, jamais Lucille
> Ne s'effacera de mon cœur.

On fit honneur au repas, on mangea beaucoup, on but encore davantage, sur-tout monsieur Osmond; Bacchus lui donnait l'organe de Stentor et la gaîté d'A-nacréon; sa conversation n'était point enuyante, elle me laissa l'avantage de déclarer mon amour à Lucille, un doux sourire fut sa réponse et me permit de penser que je parviendrais à l'attendrir. Les deux jeunes gens, l'un qui portait le nom de Limade, était le neveu d'Osmond ; l'autre Julien, était destiné à voyager dans les villes de commerce pour en apprendre les élémens ; je leur fis d'autant plus d'accueil que je savais qu'ils ne pouvaient me nuire auprès de Lucille, dont même il ne fut point question à leur égard. Quant à la dame qui était avec Lucille, ma tante ne l'appelait que sa bonne amie, et ce ne fut que quelque temps après que je pus la connaître ; tout ce que j'appris, c'est qu'elle avait amené cette aimable société chez nous.

Je demandai à cette dame et à Lucille la permission de les reconduire, et cela me fut accordé ; nous partîmes sur-le-

champ ; car elles ne voulurent pas demeurer davautage , et nous laissâmes chez
ma tante Julien et Limade avec M. Osmond. Cette heureuse mission me facilita
pour parler à mon adorable Lucille, qui
ne me répondait autre chose que : vous
êtes bien honnête, monsieur. Sa compa-
gne porta un beaume consolateur dans
mon âme en me répondant pour Lucille
que la chose n'était point impossible.

De retour au logis, je remonte à ma
chambre, mon valet était absent : de peur
d'interrompre quelqu'un, ou plutôt d'é-
veiller ma tante, je m'évite de l'appeller,
je le cherche pour avoir ma clef, et je le
rencontre sur l'escalier ; il me dit tout
bas de me taire, et me fait remarquer la
fenêtre de l'appartement de ma tante ;
les rideaux blancs étaient fermés ; mais
à la faveur de la lumière qui était dans
l'intérieur, on voyait l'ombre de deux

personnes des deux sexes qui s'appro-
chaient l'une de l'autre pour se donner
des baisers. Nous descendons lestement
dans la cour, mon valet m'aide à monter
après la grille d'une cuisine, je me cramponne au balcon de la croisée du premier
dont un battant était ouvert ; je me blottis
derrière le rideau en empêchant que le
vent ne l'entr'ouvre ; je vois tout l'amoureux mystère. C'était ma chère tante avec
le vigoureux Osmond. Abeline avait été
une beauté, et quoiqu'âgée de trente-
trois ans, elle était encore très-bien :
depuis cinq ans elle était veuve. Mais,
lui dit-elle, à voix basse, y songez-vous ?
Que signifient ces façons-là ?... Est-ce
qu'on manque à ce point à une femme
comme moi ?... en vérité c'est affreux...
oui, d'honneur, cela est bien honnête de
votre part... pour moi, je ne vous con-
çois pas... Osmond... je vous en prie...

7.

ôtez donc... vôtre... doigt... ah !..! ah !...
mon... ami, je... b... rûle... dieux...
finissez donc... je n'en... puis... plus...
ah!.. ciel... tenez... tenez... comme vous...
m'accommodez... quelle imprudence...
mon neveu peut venir.

Pendant ce dialogue et ce tendre exer-
cice il la tenait sur ses genoux; mais d'une
façon à ne point craindre sa résistance;
il parvenait à la déshabiller presqu'entièrement. Dans cet état il la porta sur
une ottomane, pour se préparer lui-
même à triompher de ses charmes; il
s'approcha d'elle tout rayonnant de gloire
et de luxure, et montrant un priape capable d'étonner et de révolter même par la
rareté de sa taille. J'avoue que quoique je
m'attendisse à quelque chose d'appro-
chant, je fus confondu de l'apparition.
« Hélas! lui dit Abeline, d'un ton de langueur dès qu'elle sentit la première ten-

tative, finissez, de grâce... vous me tuez... vous m'étouffez... Ah!.. juste ciel... vous êtes monstrueux... ah! cela est terrible... Ne comptez pas désormais que j'aurai cette complaisance... je vous le dis pour la dernière fois... Si l'on savait des choses pareilles!.... Vous me blessez.... doucement... plus doucement... ah!... dieux... je n'aurais jamais cru... que tu eusses entré... jusques... là.... » Les deux amans commencèrent alors une joûte aussi rapide que vigoureuse. Abeline croisait ses jambes sur le dos de son amant ; les transports d'amour et de plaisir remplacèrent de vaines simagrées. Elle secondait par de fréquens bondissemens les secouses qu'elle recevait de son robuste vainqueur, en lui disant... Quel plaisir voluptueux tu me fais... mon bon ami... encore... toujours.... ah!.... foutr.... mon tendre ami... je me pâme... je... je... me meurs

dans... tes bras... Osmond était moins
parlant dans l'action ; il ne lui disait rien
autre chose que ma petite , ma petite
reine , ma petite maîtresse, ma petite f...
emme... mon... cœur... que tu es jolie...
comme tu es... étroite... tiens... tiens...
ma bonne... que tu me fais plaisir... je
t'aimerai toute ma vie...

Par leurs transports, je comptai environ trois assauts qu'ils s'étaient don-
nés mutuellement, lorsqu'Abeliue se plai-
gnit d'être fatiguée.... Tu ne peux point
coucher ici, lui dit-elle, et il est bien
tard. — Je le voudrais, ma bonne amie,
mais cela m'est impossible. Depuis hier
que je suis à Paris, on ne saurait à mon
hôtel garni ce qui pourrait m'être arrivé;
mon neveu et mon domestique, qui m'ont
laissé avec toi, pourraient penser quelque chose à ton égard. — Te reverrai-je
avant ton départ pour Nantes? —Oui, je

l'espère, il faudra faire en sorte de jouir encore un moment.... Adieu, ma chère amie. — Adieu, mon tendre ami ; je t'en prie de la discrétion. — Je te prie de n'en point douter. Ils s'embrassèrent tendrement et Osmond se retira dans le plus grand silence.

Ayant fermé sa porte, Abeline rentra dans son appartement, je sortis du lieu où j'étais et je me trouvai devant elle. Elle fit un cri et se trouva mal ; je lui donnai du secours. Dès qu'elle eût repris connaissance, elle me demanda ce que j'avais vu et comment je m'y étais pris. Je lui en rendis un fidèle compte sans lui parler de mon valet.... Elle pleura amèrement, me demanda grâce, me pria d'être discret, en m'assurant que, pour éviter la visite d'Osmond, elle allait aller à la campagne pour quelque temps. Elle me prévint que, pour deux ou trois jours, le jeune Julien coucherait dans ma chambre jusqu'à son départ pour Bordeaux. — Après l'avoir embrassée et consolée mille fois, je lui dis : jugez, ma chère petite tante, dans quel état je vais passer la nuit après avoir été témoin d'un aussi joli tableau, après vous avoir vue dans les bras d'un homme qui, bien sincèrement parlant, occupait la place que je devais avoir dans votre cœur, seriez-vous donc assez cruelle de me refuser par amitié ce qu'un téméraire vous a fait pour ainsi dire par force.... Abeline me pria instamment de ne rien exiger d'elle surtout par intérêt, me représentant que le saisissement qu'elle avait éprouvé à mon aspect la rendait en ce moment incapable d'être reconnaissante. Elle me dit, combien doit inspirer du dégoût pour soi-même un lieu qui vient d'être si copieusement pollué par un autre, que d'ailleurs elle sentait une certaine apparition périodique qui rendait la chose impossible pour le moment ; mais que quand elle se serait convaincue de ma prudence, elle ne serait point ingrate. Je voulus insister, tous mes propos furent inutiles.

Etant retirée dans ma chambre, je trouvai l'aimable Julien, il ne s'était ni déshabillé ni couché, il craignait d'être malhonnête à mon égard ; son valet l'avait quitté pour aller au devant de moi, et n'avait point reparu.... Si j'eusse présumé que vous fussiez ici, lui dis-je, j'aurai frappé, vous m'auriez ouvert, et je me serais évité d'interrompre ma tante jusqu'à présent.

Julien s'était amusé pendant mon absence à fouiller dans ma bibliothèque ; il y avait trouvé les livres les plus licencieux, enrichis de gravures. Parmi celles qui lui faisaient le plus de sensations,

c'était Socrate qui s'amusait à jouir d'Al-
cibiade et d'Agathon. Connaissez-vous
ce plaisir-là, me dit-il ? — Non, et vous ?
— Moi, j'en ai connaissance ; quand j'é-
tais au collège avec Limade, nous nous
y sommes amusés plusieurs fois. Songez
qu'il n'est pas sans mérite ; peut-être que
si nous eussions pu nous procurer des
femmes, nous n'y aurions jamais pensé.
Souvent on tombe dans l'erreur par excès
de délicatesse. Je lui racontai la scène
d'une petite femme-de-chambre (Rose),
qui me tira du séjour de Vénus sans me
laisser le temps de fournir ma carrière
pour me glisser dans son centre voisin,
par la crainte d'être mère sans être femme
légitime. Il me crut : ah ! lui dis-je, si
c'était Lucile, elle est capable de me faire
commettre tous les excès et toutes les folies. — Vous l'aimez ? — Oh ! plus que
moi-même. — Eh bien ! mon cher d'An-

geville, si vous voulez que nous socrati-
sions ensemble, dès demain je vous mène
auprès d'elle. — Je le veux bien, de
tout mon cœur. — Touchez-là. — Soit,
ainsi qu'il est dit.

La posture où j'avais vu Abeline m'a-
vait animé jusqu'à la fureur, l'espérance
de voir Lucile me transporta jusqu'à la
folie ; c'est ce qui m'engageait à consen-
tir à tout. D'ailleurs, me dis-je, si c'est
un plaisir, il faut au moins que j'en con-
naisse les effets.

Julien se disposa. — Tiens, mon ami,
me dit-il, tu vas me servir ; je ne te le
cède pas pendant ce temps par une douce
pollution, tu me provoqueras au plaisir
sans en réaliser la cause, pour que je
puisse avoir mon tour. Il se découvre :
mes yeux novices et égarés admirent ses
proportions. Quoi, me dis - je à moi-
même, je ne vois rien là de hideux ni de

rebutant ; il joignait à une carnation superbe des formes séduisantes, une peau
aussi douce que celle d'une vestale, un
ventre, des cuisses et des fesses rondes,
lisses et fermes comme du marbre. Il me
considéra aussi, et parut aussi satisfait
de moi-même, que je semblais l'être de
lui.

Julien prit alors mon doigt viril, l'hu·
mecta fortement avec sa salive. Je me
présentai, il se prêtait à la circonstance ;
je saisis ses deux globes postérieurs, je
les entrouvris autant que possible : au
bout de quelqus secondes, je pénétrai
dans ce séjour masculin, que le crépus-
cule des ignorans dévoue à l'horreur des
imbéciles. Dieux ! quelle étrange sensation.... quelle mâle chaleur semble em-
brâser l'objet qn'on y introduit.... Je
m'empare de son pénil pour le titiller un
moment. Julien me prodigua les expres-

sions les plus transportées.... pousse....
enfonce, me dit-il, mon cher d'Angeville, ne me chatouille plus, va, va toujours.... Bientôt l'effusion essentiel me
donna la fin de mon expérience.... Mon
camarade, transporté, se relève et me
place les deux mains appuyées sur mon
canapé, une glace répétait nos positions.
Je sens moi-même intérieurement l'effet
que je viens de communiquer; il était
bouillant de luxure, il me pollue lui-
même fortement, et enfin un extase voluptueux finit le duo entre nous.

Nous nous deshabilliâmes pour nous
mettre au lit, car il était trop tard pour
ne pas se coucher, et trop tôt pour rester debout. Je lui re nouvelai la promesse
qu'il m'avait faite, il me la confirma de
nouveau, et nous nous reposâmes paisiblement tous deux jusqu'à onze heures
du même jour.

Au moment où je me levai, j'appris par mon valet, qu'un nombre infini de visites était venu, qui toutes s'en étaient retournées en me laissant un mot d'avis; l'un était de Mme Constance, qui ne sait à quoi attribuer le motif d'une absence aussi longue, elle ne m'avait point vu depuis quinze jours; un autre était de madame D...., marchande de modes, qui demandait, ainsi que l'on faisait aux ministres, le jour et l'heure où l'on pourrait me voir. Enfin, un autre de ma tante, qui m'avait attendu inutilement pour déjeûner, et qui me faisait dire que je ne manque pas de me trouver à dîner.

Je me dépitais contre moi-même; je me disais avec humeur : quel danger d'être connu, on se fait des amis, ils vous envoient à la fois cinquante rendez-vous. Mais, puisqu'on ne peut suffire à tout, à qui faut-il que je donne la préférence?

à ma tante. Oui, ce ne doit être qu'elle qui gagnera la préférence ; d'ailleurs elle me fait des avances qui ne doivent pas être négligées, elles sont l'effet de ses promesses. Mais, je me trompe, en fait d'amour, il faut être sincère et juste, ce doit être Constance, depuis long-temps je ne l'ai vue, elle doit passer avant elle. Quant à la modiste, elle reviendra quand elle voudra. Voyons ceux qui ne m'ont point écrit, c'est Albino ; j'ai parole avec lui, il aura la préférence.... Que dis-je, insensé, bourreau de mon amour, et Julien doit me mener chez Lucile ; c'est le seul objet dont je dois m'occuper.... il en arrivera tout ce qu'il pourra avec les autres, peu m'importe, tous mes vœux seront pour Lucile.

Julien arriva au milieu de mes réflexions ; il avait été faire une brillante toilette chez son ami Osmond, et venait

me prendre pour aller voir mademoi-
se..e Lucile. Costumés tous les deux dans
le dernier goût, nous descendions l'escalier, ma tante, qui me guettait, nous
aperçut, et me dit d'un ton si doux, qui
lui était toujours naturel, où allez-vous
donc, messieurs? J'eus l'imprudence de
lui répondre assez brusquement; Madame, nous allons quelque part où nous
sommes attendus. A propos, dit sans mé-
nagement, lui fit de la peine; je me retournai pour la fixer, et je la vis les yeux
larmoyans, rentrant daus son appartement. Dès que nous fûmes montés en
voiture, mon ami et moi, mon esprit
s'occupa d'elle; je pensais au chagrin que
j'avais pu lui causer par mon imprudence, je me la représentai accablée de
douleur et de regrets relativement à ce
que je savais, puis à l'indifférence marquée de ne lui avoir point répondu à l'in-

vitation qu'elle m'avait faite de me rendre chez elle. Insensé, imprudent ; moi-
même j'afflige dans ce moment l'objet à
qui je suis le plus cher, la seule peut-
être qui m'aime bien sincèrement, à qui
je dois tout.... Qui sait.... elle imagine
surement que je la déteste ou que je la
méprise.... Mon silence étonna Julien ;
il m'en demanda la cause. Ne voulant
pas la lui faire connaître, je feignis l'i-
gnorer moi-même, et notre voiture allait
toujours grand train ; elle s'arrêta dans
un des guichets du Louvre, comme une
autre voiture entrait. Nos cochers, jaloux
l'un de l'autre de ne point reculer, res-
taient immobiles ainsi que nous ; une
dame aussi élégante que jolie mit la tête
à la portière, et me dit d'un ton un peu
piqué, nous y resterons, monsieur d'Angeville.... C'était madame Constance, qui
venait de la campagne ; elle demanda la

permission à Julien de me laisser entrer dans son carrosse, pour me faire part de quelque chose qui devait m'intéresser. J'obéis, n'ayant point la force de refuser, et mon ami me dit qu'il allait m'attendre au café des Tuilleries. Je reçus de madame les plus sanglans reproches ; j'eus beau inventer mille prétextes, il n'y en eut aucun qui fut trouvé valable : on me reprocha mon inconstance ou plutôt mon ingratitude. Je demandai mon pardon ; je l'obtins, mais aux conditions de me trouver le lendemain au lever de madame ; elle avait mille choses à me communiquer, qu'il n'était ni prudent ni possible de se dire en si peu de temps, surtout dans une voiture et en présence de ses laquais. Je promis donc tout ce qui me fut possible de promettre, et je la quittai pour rejoindre mon camarade.... Enfin nous arrivons au lieu qui flattait

mon espoir; nous trouvons mademoiselle Lucile avec une femme d'environ
soixante-dix ans, maigre, laide, jaune
et ridée comme une panse de mouton :
ce spectre vivant était pourtant la mère
de ma bien aimée. Sa petite fille lui dit
qui nous étions, où et comment elle nous
avait vu. A quoi la vieille répondit :
« Eh bien ! qu'est-ce que cela m'importe ;
je vous ai déjà dit que je ne voulais point
que vous m'ameniez de freluquets chez
nous. Quand j'étais fille et que je fus
femme, il ne venait jamais personne à la
maison ». Je le crois bien, dis-je en moi-
même, vous étiez assez laide pour cela.

Monsieur Julien, pour me servir, veut
raccommoder l'affaire et lui conte bref le
motif légitime de notre visite, il s'agit de
mariage et ceci est un point d'honneur
et de délicatesse. Ce n'est qu'après avoir
connu positivement mes intentions et mon

amour pour la belle Lucile que monsieur Julien s'est chargé de m'introduire et de me présenter, voilà le véritable fait lui dit-il, ma respectable dame. La vieille toujours revêche, lui répondit : «Par ma foi, monsieur voilà une belle recommandation que la vôtre, il sied bien à un morveux tel que vous de m'en amener un autre que je ne connais pas davantage; allez tous les deux à l'école avant de vouloir vous marier, mademoiselle n'a pas besoin de vous; elle a ce qu'il lui faut, ce qui lui convient; c'est un homme mûr, rassis et qui ne cache point la moitié de sa figure sous ses cheveux et l'autre dans sa cravatte, » Je voulais me retirer; mais mon complice insista pour lui répondre : « Pardonnez, lui dit-il, hideux et respectable reste du temps passé; sur votre avis nous allons retourner à l'école pour apprendre la politesse; car vous n'êtes

pas capable de nous la montrer. Sans at-
tedre la fin de ce discours , la vieille en
colère nous détache un soufflet, le meil-
leur que l'on puisse donner ; il n'est point
d'harengère do la halle capable de mieux
s'en acquitter, nous faisions alors tous les
quatre le plus comique tableau, Molière
en eût tiré un parti excellent ; Julien tenait sa joue meurtrie , et moi mon nez
ensanglanté, l'aimable et sensible Lucile
fit un cri de douleur et d'effroi ; elle
tomba évanouie, la vieille édentée nous
dit : donnez-lui du secours, et s'adres-
sant à Julien : conduisez-moi dans ma
chambre , lui dit-elle pour m'aider à
chercher le flacon d'eau de Luce, il la
conduisit et tous deux disparaissent pour
aller chez cette mégère dont le logis était
un étage au dessus.

Je pris alors ma Lucile dans mes bras
et la portai sur un vaste fauteuil qui se

trouvait à ma portée , je lui desserre son corset et je colle ma bouche sur son sein de neige , et sur ses lèvres décolorées par la faiblesse qu'elle éprouvait ; elle ne respirait que difficilement, brûlant d'amour et de désirs , je perds dans ce moment tout sentiment de délicatesse. Je glisse une main libertine sous sa jupe légère. Dieux que d'attraits ! que de beautés ! Je ne savais auquel donner la préférence, tous indistinctement reçurent et mes baisers et mes hommages ; je m'énivrais de plaisir sans pouvoir me rassasier, Lucile, la tendre Lucile toujours évanouie, ne se défendait pas. Enfin en proie aux transports les plus vifs, j'achevai d'écarter tous ses vêtemens , et les obstacles qui s'opposaient à mes désirs. Heureux d'Angeville ? que de charmes devinrent la proie de tes mains et de tes regards avides ! rien ne fut plus capable de m'arrêter, le

monde entier aurait en vain tenté de me
faire lâcher prise, bientôt je transportai
Lucile sur un lit, après avoir fermé la
porte. Je la place dans la posture la plus
voluptueuse ; j'entrouvre sa coquille adorable, sa garniture touffue et frisée était
couleur de châtain et cadrait parfaitement
avec la ro e de son centre, deux petits
cygnes en forme de lentille se trouvaient
au bas de ses bords ; on aurait dit que la
nature les y eût peins exprès ; ce que
je voulais y introduire ne put pénétrer
dans ce séjour où nul mortel n'avait point
encore eu le bonheur d'habiter ; Lucile
était encore vierge, elle demeurait toujours évanouie.

J'aurais dû, je l'avoue maintenant,
respecter sa situation et son inuocence,
cela fut impossible ; je hâtai sa défaite et
mes plaisirs avec une vigueur qui m'était
bien nécessaire dans cette occasion ; ce fut

hélas ! plutôt un massacre que le sacri-
fice volontaire d'une victime ; le sang sortit abondamment de la blessure, la pauvre petite fit un cri à fendre l'air et reprit
connaissance , ses pleurs ne purent m'arrêter; que de larmes précieuses ! que de
soupirs ardens ! quelle volupté indiscible!
le lit gémissait sous les coups redoublés
du sacrificateur; je serrais ses cuisses sous
mes bras , et mes mains posées sous ses
fesses adorables... « juste ciel ! s'écria Lucile, au secours.... que je suis donc malheureuse! c'est vous, c'est vous monsieur
qui agissez ainsi envers celle à qui vous
avez juré tant de sentimens d'estime, d'attachement et d'amour? est-ce là l'effet de
vos promesses ! vous venez de me perdre
en vous perdant vous-même ; car songez
que mes parens ne laisseront pàs là les
choses... ah ! monsieur d'Angeville, ce
n'est pas ainsi qu'on parvient à se faire

aimer…. je souffre le martyr… monstre que vous êtes…! c'est vous qui profitez d'un instant de faiblesse et d'anéantissement pour m'immoler à votre luxure… sont-ce là les secours que j'aurais dû attendre de votre humanité ou de votre bienveillance ?… lâche… infâme, libertin qui avez l'audace ou plutôt la barbarie de profiter d'un moment où une innocente s'évanouit pour la deshonorer, pour la perdre peut-être à jamais, s'il en résulte quelque suite.., retirez-vous, vous êtes un malheureux, un traître, un scélérat, retirez-vous, vous dis-je, je ne veux plus vous voir… Grands Dieux! les infâmes! qu'ont-ils fait de ma bonne maman ? pourquoi s'en est-elle allée ?… les indignes! l'un d'eux l'a emmenée pour laisser à l'autre le temps de réaliser son projet perfide…. Miséricorde ! dans quel état suis-je ? »

Sa jupe et sa chemise étaient tachées ; nous étions tous les deux dans un désordre inexprimable ; Lucile avait le teint pâle et défait, elle était si tremblante qu'elle ne pouvait se soutenir qu'avec peine ; une sueur abondante mouillait son front... je m'offris pour l'aider ; mais elle me repoussa brusquement ; des pleurs amères, effets sensibles du chagrin, de la honte et de la doulenr se répaudaient sur ses traits enchantés... J'éprouvai dans ce moment moi-même le repentir de mon audace en frémissant sur la témérité de mon crime... ce fut alors pour la première fois de ma vie, que je sentis dans mon âme les atteintes du désespoir...,

Je me jettai aux genoux de ma belle, l'amour rend éloquent ; tout ce que sa force m'inspirait, me suscita les expressions les plus passionnés : « Lucile, lui dis-je avec cet air contrit qu'éprouve toujours un cœur repentant, je ne veux point me retirer, je préfère attendre de vous la punition dûe à mon forfait ; déclarez à vos parens l'attentat commis sur votre personne; qu'ils me dénoncent à la justice; je me soumets à tout ce qui peut m'arriver de votre part... votre beauté est l'auteur de mon crime, et ma perte dépend de votre cœur. »

Elle ne me répondait rien ; la pauvre innocente s'occupait à se rajuster. Elle prit une petite cuvette de porcelaine, de l'eau, une éponge, quelques gouttes d'eau de lavande pour rafraîchir sa blessure, je l'aidai dans cette opération ; elle changea de chemise, puis se remit dans le même fauteuil où je l'avais placé au départ de la vieille : il était temps, car on frappa fortement à la porte. Je repris mon mouchoir et j'ouvris en me tenant le nez comme si j'eusse éprouvé une vive douleur.

9.

La vieille et Julien reparurent, Lucile d'un ton faible et dolent lui dit : « Vous n'avez pas été long-temps, ma bonne maman, en vérité ; d'où venez-vous donc maintenant ? on aurait bien le temps de mourir en attendant votre secours » madame Raimond lui répond avec tendresse : «Ah ! ma chère enfant, j'en suis au désespoir ; ma clef s'est remplie d'ordures, et voilà près de trois quarts d'heure que monsieur Julien passe à la déboucher. » « Ah ! lui dis-je, ma respectable dame, Je n'ai trouvé qu'une fiole d'eau de lavande et je m'en suis servi assez à propos, et votre demoiselle se porte moins mal. Julien et moi, nous présentâmes les plus humbles excuses à la grand'mère des soufflets que nous avions reçus. Je lui demandai avec instance la permission de venir quelquefois lui présenter mes respects, et m'informer de la santé de l'adorable Lucile, ma demande fut accordée et nous partîmes.

Pendant notre retour, je racontai mon aventure à mon ami ; il en avait quelqeu soupçon.... Eh bien ! me dit-il voilà la connaissance entièrement faite avec Lucille ; mais il peut se faire qu'elle ne soit pas pour vous, car la vielle m'a raconté qu'un monsieur Méau de Saint-Didié, homme fort riche, mais âgé de soixante ans, secrétaire d'embassade, la recherche pour le mariage, et en a déjà fait la demande à sa mère.... Il en arrivera tout ce qu'il doit en arriver, lui dis-je ; mais je lui ai frayé un chemin qu'il n'aurait jamais pu se frayer lui-même. Je me separai de Julien qui allait rendre quelques visites, et je retournai au logis pour consoler Abeline du plaisir que mon absence m'avait paru lui causer au moment de mon départ.

Varier le choix de ses plaisirs, c'est pour en connaître
la source.

Tout était calme dans mon logis, ma
tante s'ennyant d'être seule, était allée
chez madame de Nancré; il y avait déjà
long-temps qu'elles ne s'étaieut vues, et
Abeline n'abandonnait pas ainsi ses an-
ciennes connaissances. Julieu envoya
quelques heures après un mot d'écrit
pour me prévenir de ne pas l'attendre,
qu'il allait à sa campagne pour deux jours
avec monsieur Osmond et Limade; par
conséquent je me trouvais seul, n'ayant
ni valet ni compagnie; les refléxions qui
survenaient à mon esprit étaient toutes
plus tristes les unes que les autres; la
lecture et l'écriture ne me desennuyaient
pas, d'abord je pensais à Julienne, où
plutôt à l'affront sanglant que je lui avais

fait. Lucille me faisait encore plus de peine, car je lui avais ravi une fleur précieuse à son innocence, au lieu que l'autre n'avait rien perdu en jouissant avec moi, si ce n'est cependant par le côté qu'avait adopté Albino ; quant a la folie que je fis avec le socratique Julien, il n'est que l'effet de l'expérience , ce n'est qu'en apprenant que l'on s'instruit ; il faut tâcher d'apprendre tout pour pouvoir n'ignorer de rien ; mais mon souvenir revenait toujours à Lucile, je me disposais, ne sachant mieux faire à aller à quelque amusement particulier, lorsque j'entendis le portier siffler pour moi, je me doutai d'une visite et je me préparais à la recevoir en effet c'était Rose la messagère porteuse du billet de Lindor.

« Hélas ! Monsieur me dit-elle d'un air alarmé, vous êtes l'auteur qu'il faut que je sorte de chez ma bourgeoise, il faut que je lui remette un reçu du billet qu'elle m'avait confié pour monsieur Lindor, vous avez fait quelqu'imprudence ; je m'en doute à la mauvaise humeur que l'on me témoigne depuis ce temps ; ce qu'il y a de certain c'est que mademoiselle de Nancré est malade depuis quelques jours, d'une frayeur qu'elle a eue en sortant de l'Opéra.... Ma maîtresse est venue deux fois chez vous, c'est probablement pour éclarcir cette affaire ; elle n'a pu vous trouver, et c'est à moi que l'on s'en prend aujourd'hui ; j'espère que vous voudrez bien ne pas m'abandonner dans un moment aussi critique, soit pour me donner une place, ou pour m'aider de vos moyens et de votre protection ».

La situation où cette infortunée se trouvait par ma faute me toucha sensiblement ; il ne faut pas, me dis-je, affliger un sexe qui nous procure tant de plaisirs, s'il est volage, c'est nous qui l'excitons à l'inconstance ; s'il est perfide, c'est nous qui lui en inspirons les premiers procédés ; s'il est faible, c'est encore nous qui profitons de sa faiblesse plutôt que de lui remontrer son erreur.

« Eh bien ! lui dis-je, ma petite bonne amie, il y a peu de mal à tout cela ; voilà d'abord deux louis pour subvenir à ta dépense : demain je dois dejeûner chez une dame qui ne me refusera pas de te prendre à son service d'après ma recommandation ; si dans tous les cas cela ne peut réussir, viens toujours me voir, nous aviserons ensemble à quelqu'autre moyen, telle chose qui t'arrive, pourvu que tu sois sage, je ne tabandonnerai pas.

La charmante Rose fut reconnaissante jusqu'aux larmes, de l'intérêt que je prenais à elle et de la générosité que je lui temoignais. Je la fis dîner avec moi :

après le repas nous renouvelâmes connaissance. Elle cousentit à tout de la
meilleure grâce possible, elle m'avoua
qu'elle n'avait pu s'opposer au penchant
qu'elle avait conçu pour moi à la première vue, qu'il n'avait fait qu'augmen-
ter pendant l'intervalle qu'elle ne m'a-
vait point vu ; que se tronvant dans cette
disgrâce, la confiance et l'amour qu'elle
éprouvait, l'avaient amenée, bien certaine de trouver un ami sincère et obligeant. Je la remerciai sincèrement de sa
franchise et je voulus rendre un nouvel
hommage à ses appas. Je me mis en de-
voir de lui donner de nouvelles marques
de ma reconnaissance ; d'abord ce ne fut
qu'avec peine, car depuis quelque temps
mon coursier faisait des voyages si fréquens qu'il avait de la peine à se mettre
en vigueur ; elle s'en étonna sans cependant m'en faire de reproches. Je la dé-

shabillai complettement ; la curiosité me
porte à fouiller ses poches, j'y trouvai
un ample ruban bleu foncé dont elle
voulait me faire cadeau et n'avait osé me
l'offrir vu la médiocrité du présent, mon
chiffre et le sien étaient brodés à chaque
extrémité avec une habileté et une délicatesse supérieures, et elle était nued ans
mon sopha sur lequel y avait étendu exprès une superbe courte pointe de satin
puce, afin que la blancheur de sa peau
tranchât plus voluptueusement, je la pro-
voquai au plaisir par toutes les caresses
qui peuvent en communiquer les atteintes. Rose était faite à peindre, il n'est
point d'attouchement qu'elle ne me fit
pour faire renaître ma vigueur. J'étais
dans le même état qu'elle, c'est-à-dire,
dans celui de la nature, elle pétillait de
désirs, et j'étais mourant de faiblesse. Je
pris le ruban chéri et l'entrelaçai autour

10

d'elle de manière que ses genoux étaient liés à ses épaules; avec un autre ruban je lui serrai le ventre autant qu'il me fut possible pour ne point lui causer de douleur; la pauvre petite qui riait aux éclats en plaisantant sur mon peu de capacité se laissait faire avec une complaisance admirable. Dans cet état son bijou ressortait d'une manière extraordinaire, et cette position neuve fut celle qui me fit renaître et jouir de ses charmes avec un feu indicible.... Dès qu'elle sentit l'approche de l'éjaculation pendant laquelle toujours la plus ferme raison s'égare, elle me disait d'une voix tendre, entrecoupée de charmans soupirs... d'Angeville... mon bon ami... dieux que tu me donne de plaisirs.... je suis toute à toi... je t'adore.... ah!... ah!... quelles délices... je m'abandonne à ta prudence.... et à ton amour.... dieux.... je me meurs.... ces

Le moyen de faire renaître et Jouir.

mots étaient acompagnés de quelques petits mouvemens qui mirent le dernier comble à la volupté. Elle me fixait tendrement; ses regards, interprètes fidèles de l'état de son âme, étaient mélés d'amour et de plaisirs; une petite écume semblable à de la neige, bordait ses lèvres charmantes; sa gorge se haussait et se baissait avec précipitation. Enfin nous terminâmes ce moment délicieux par un éclair de volupté qui saisit, qui anéantit tous nos sens, qui porte des secousses et des tressaillemens jusque dans les extrémités de notre corps; qui dans une image de la divinité, ou de ce qu'on conçoit de parfait au plaisir, finit et disparaît en un moment, et dont le passage est aussi prompt que la pensée, ne nous laisse qu'une preuve triste, cruelle et convaincante de notre imperfection et de la malheureuse faiblesse de notre être.

Pour donner à nos sens et à nos désirs un agréable repos, je proposai à ma Rose de la mener à Tivoli. Elle accepta mon offre avec autant de joie que d'amour ; nous étions enclins à coucher ensemble, mais la prudence que nous nous devions réciproquement, la délicatesse que je devais avoir pour ma tante, furent les motifs qui s'opposèrent à nos projets.

Je quittai donc Rose à sa porte, et je revins à l'instant chez moi, pour réparer mes torts justement mérités que j'avais envers Abeline. Je fus lui souhaiter le bonsoir, et je m'excusais par quelques mensonges croyables sur mon absence pendant la journée. Elle me reçut en me témoignant la satisfaction que lui inspirait ma visite ; elle m'apprit la maladie de mademoiselle Julienne, qui lui avait demandé secrètement à me voir. Sur cette invitation, je promis de m'y rendre. Albino, que je n'avais pas vu depuis quelques jours, arriva le soir même au retour de sa campagne. En faveur de l'amitié qui régnait entre nous deux, ma tante l'invita à rester pour souper; il accepta, et nous passâmes tous les trois la soirée la plus agréable.

Nous reconduisîmes, Abeline et moi, mon cher Albino jusqu'à l'escalier. En remontant, je pris la main de ma tante, la baisai avec transport, et je lui dis : quand donc aurai-je le bonheur de recevoir l'effet de certaine promesse?... Elle se retira en souriant, mais ne voulut point me répondre, et cette dissimulation me faisait perdre tout espoir dès ce moment.

De retour à mon logis, le repos m'était nécessaire; les fredaines amoureuses que j'avais faites fréquemment, l'inquiétude de Julienne et de son indisposition, qui n'était probablement que l'effet d'une vengeance trop outrée de ma part, me causait des soucis ; car, me disais-je moi-même, pour une faiblesse qu'une femme peut avoir, s'ensuit-il delà qu'il faille la traiter si cruellement? Imprudent que je suis! pourquoi n'ai-je point pour les autres l'indulgence dont j'ai besoin moi-même? D'un autre côté, Lucile se présentait à mes réflexions..... quelle horreur, quelle infamie! oser violer cette innocente, parce que je savais qu'elle n'avait point la force de résister à ma passion !... qu'en va-t-il résulter? Maudit amour! comment se peut-il que tu m'aies rendu barbare?...

Je m'endormis, mais je n'éprouvais qu'un souvenir orageux, mille spectres, mille furies se présentaient à moi pour me dévorer ; ce ne fut qu'à l'aube du jour que je goûtai avec le calme et la sérénité les douceurs des pavots de Morphée. Peu d'heures après, je fus réveillé par le bruit de ma sonnette. Je me levai cependant pour répondre à l'importun qui venait si mal à propos m'interrompre.... Mon valet n'étant pas encore descendu près de moi, il savait que me couchant ordinairement très tard, mon habitude était de me lever de même..... J'ouvris enfin ; mais qu'elle fut ma surprise de ne trouver personne. Je ne savais à qui attribuer cette malice ; il faut, me dis-je, que ce soit quelqu'un de la maison qui s'amuse au malin plaisir de venir troubler mon repos : je refermai ma porte avec humeur, et je me disposais à me remettre au lit lorsque je m'aperçus que je marchais sur un petit papier ; je le pris, je le lus : il contenait ces mots.... « Vous » voudrez bien rapporter ce billet à celle

» dont vous exigez la promesse; ne diffé-
» rez pas plus d'une heure. »

C'est l'écriture d'Abeline! oui, me dis-
je, je n'en puis douter... Dans une heure,
pourquoi pas sur-le-champ.... je me couvris de ma robe de chambre, d'un léger
pantalon de mousseline, et je me rends
au rendez-vous. J'entre à bas bruit, je
referme après moi toutes les portes qu'on
m'avait laissées entr'ouvertes; bientôt je
suis au lit de mon Abeline. Je ne l'y
trouve pas..... quoi! serait-ce un tour
qu'elle me jouerait!... Non, cela est impossible.

Je pénètre jusqu'à son cabinet de toilette, je la trouve à cheval sur un certain
instrument dont se servent les dames ;
elle purifiait ses appas avant l'instant de
ma visite.... Que de charmes!... quelles
formes!......quelle tournure!... quelle

carnation !....... Elle était absolument nue..... Ah! mon dieu, me dit-elle, avec ce ton si doux, qui la rendait si aimable, vous méritez bien qu'on vous renvoie, pour être descendu avant le moment que l'on vous a indiqué.

Ce serait en vain, lui dis-je, ma belle, que vous me renverriez, car je ne m'en irais pas. Dans l'état où vous êtes, il n'est pas possible de vous quitter, il faudrait donc être de marbre?.... Je la pris dans mes bras avant de lui laisser le temps de se revêtir; j'ouvris d'une main leste le rideau de la fenêtre qui donnait sur le jardin, pour examiner à loisir tous les trésors de sa personne. Si Rose n'avait que la figure et la jeunesse, elle n'était que jolie; mais Abeline était une beauté, tout était complet en elle; ce qui me frappa davantage, ce fut la chute de ses reins... Ses fesses étaient admirables; elles

étaient rondes, blanches, fermes et pote-
lées, à peine pouvait-on les entr'ouvrir;
ses cuisses ne leur cédaient en rien par
leur forme et par leur douceur; sa four-
rure était d'un blond parfait, et si abondamment fourni, qu'on ne pouvait apercevoir la fente de son bijou. Elle était
posée, douce sans nonchalance, prude
sans affectation; elle inspirait à-la-fois le
respect par sa modestie et l'amour par
son entretien. Oh! Abeline! si j'avais eu
le bonheur de te connaître plutôt, l'attachement que j'aurais eu pout toi m'aurait
évité bien des folies!...

Elle s'échappa de mes bras pour reprendre sa chemise, mais je l'en empê-
chai toujours pour jouir du plaisir de la
voir courir par la chambre dans l'état où
elle était. Elle prit enfin le parti, pour
se soustraire à mes yeux, de se cacher
dans son lit. Je l'y suivis, et bientôt

nous y fûmes ensemble ; c'était lé comble du bonheur, tant il est vrai qu'il n'est rien tel qu'une femme honnête pour procurer la jouissance la plus douce.... Sa coquille était d'une justesse étonnante ; il me fallut par de tendres chatouillemens provoquer certaine humidité salutaire pour pouvoir m'y glisser sans lui causer de douleur. Quand j'en fus à ce but, Abeline perdit absolument tout principe de retenue... enfonce..... enfonce.... mon ami... va... va... mon ange... Ah !.. ah!... maman.... me disait-elle, ah!... que tu le fais bien.... achève... achève... Ah !... dieux... maman... tiens... tiens... donne m'en.... donne... autant... mon bon ami.... je.... je.... m'é.... vanouis... de... pl... aisir.... Disant ces mots, l'amoureuse Abeline me faisait de légers bondissement sur ses fesses charnues, qu'elles serrait à chaque mouvement. Il me serait impossible d'en dire davantage, car l'excès du plaisirs m'ôte la raison d'en conserver la mémoire.

Nous ne restâmes qu'une heure ensemble, il fallut absolument me retirer chez moi, bien satisfait du bonheur que m'avait fait goûter mon adorable tante ; mais extrêmement fâché qu'il eut été si court. Abeline me prévint que sur les neuf heures du matin même, elle partirait pour la campagne, afin d'éviter la visite de monsieur Osmond, qui ne manquerait pas sûrement de venir lui faire ses adieux avec quelque intention amoureuse.

De nouveau remonté dans mon logis, je me mis à mon premier poste, je veux dire au lit, où je dormis copieusement. Lapierre, mon valet, vint m'éveiller sur les onze heures, malgré que je ne l'en eusse point chargé : « Monsieur, me dit-il, comme il faut que je sorte pour quelques commissions dont m'a chargé madame votre tante, je suis obligé de vous prévenir qu'il y a plus d'une heure qu'une voiture vous attend à la porte, le laquais est dans votre anti-chambre pour vous parler à votre lever. » Sur-le-champ je fis ma toilette et je fis entrer le domestique, et j'appris que c'était de la part de madame Constance ; je lui avais donné parole la veille pour neuf heures du matin, il en était déjà onze et je n'y étais point encore rendu. On avait l'ordre de m'amener, madame ayant quelque chose de pressant à me dire, avait besoin de me voir : d'ailleurs, j'avais promis de m'y rendre, et l'on me faisait dire qu'un galant homme doit être jaloux de sa parole surtout envers les dames.

Ne trouvant point de prétexte pour m'y soustraire, il me fallut céder à sa volonté. Hélas ! me dis-je, si elle attend aujourd'hui quelques prouesses de ma valeur, à coup sûr elle sera bien trompée ; je montai donc dans sa voiture et j'arrivai promptement chez elle, je suis aussitôt introduit, madame se levait et n'avait d'autre compagnie que sa femme de chambre. « En vérité, monsieur, me dit-elle, avec un ton piqué, vous vous faites bien attendre ! Il n'y a pas de ministre plénipotentiaire qui en agisse autrement ; c'est affreux, détestable, ma foi ; donner parole à neuf heures pour n'arriver qu'à midi, c'est insoutenable, on n'y tient pas en vérité ! — Il n'est pas encore midi, lui répliquai-je sans me déconcerter et en regardant ma montre. — Pas possible, votre montre va comme vous, elle retarde ; taisez-vous, rien n'est impatientant comme ça. » Enfin, je m'excusai sur le départ de ma tante, sur le temps, sur les visites et plus encore la mauvaise nuit que j'avais passée ; tous ces faux fuyans furent reçus pour ce qu'ils valaient et la paix entre nous ne tarda pas à être faite.

On servit le déjeûner dans un appartement, où je n'avais point encore entré ; les meubles et les décorations ne laissaient rien à désirer par leur magnificence ; il n'y manquait que les lustres ; ils n'étaient point encore apportés, les cordons de soie pour les suspendre étaieut déjà tous disposés, nous nous mîmes tous deux à table ; Henriette seule resta pour nous servir ; de temps à autre Constance me fixait, avec des regards pétillans d'amour ; elle était de feu, et moi j'étais de glace, souvent elle voulait un baiser, je le lui donnais ; ses lèvres étaient brûlantes de désirs, puis elle me dit : Tu ne devinerais jamais, mon bon ami, quel propos cette imbécille d'Henriette me tenait hier matin ? — Non, ma bonne amie : que disait-elle donc ? — Elle me dit que j'avais une cuisse plus blanche que l'autre. — Bon. — Ma foi d'honneur ! — Autant que je m'en souvienne, j'affirme le contraire ; d'ailleurs, on peut encore s'en convaincre.... (C'est ce que Constance demandait.) Vois, dit-elle, en relevant sa jupe de linon. — ma foi, repris-je, elles sont bien pareilles ; ce sont deux sœurs qui sont également belles, pour qu'elles ne soient point jalouses, je leur dois à chacune un baiser... Le voilà mesdemoiselles et point de querelles s'il vous plait, ou je me mets entre vous deux. Constance reprit, il a des réparties qui sont charmantes, en vérité ; mais voyons donc, Henriette, quelle est celle des deux que vous croyez moins jolie ? Si, madame, veut me le permettre, reprit la femme de

chambre, je vais vous expliquer le fait :
— Soit, lui répondit Constance. — Il
faisait petit jour dans l'appartement, ma
dame voulant se lever, m'ordonna de faire
grand jour, j'ouvris les stors de cette fenêtre seulement ; j'ouvris aussi un côté
des rideaux ; l'autre formait un ombre ;
madame sortit de son lit la cuisse gauche
la première ; je me baissai pour lui remettre sa pantoufle, et je trouvai en
plaisantant que la cuisse, qui était au
jour était plus blanche que l'autre qui
était à l'ombre. — Point du tout, mal
imaginé, Henriette.

La voluptueuse Constance, recherchait
mes attouchemens, je les lui prodiguais ;
son sein palpitait d'ardeur, elle se découvrait à mes yeux en poussant de profonds
soupirs, elle m'offrait toutes les postures
les plus lascives ; je bus même quelques
verres de liqueur pour tâcher de faire

11.

renaître ma première vigueur. Quelle contrariété, reprit Constance.... ciel.... mon bon ami... je ne te reconnais pas là... Tu quittes peut-être quelque femme? — Non, ma tendre amie, j'étais hier très-échauffé par la boisson que ce diable de monsieur Osmond me fit prendre et pour me rafraîchir, j'ai pris cette nuit quelques caraffes d'orgeat, c'est à son effet que j'attribue aujourd'hui mon impuissance. — Quelle folie! — Il faudrait que madame vous fit quelque sensation qui put vous rendre vigoureux, me dit Henriette. Oui, il ne faudrait que cela. — Je n'en puis plus, me dit Constance, je me meurs de désirs... Ah! dieux quel supplice... Henriette viens à mon secours.. je t'en prie... invente quelque moyen... Eh bien! madame, voulez-vous votre complaisant?... Ma foi, oui, c'est le plus court parti... Je vais le remplir de crême

raquemart d'efaillant et le Complaisant.

modérément chaude.... Oui, ma fille, dépêche-toi, de grâce...

Tandis que la soubrette officieuse apprêtait son stratagême, j'inventai aussi un expédient, j'adapte un devant de cheminée aux cordons préparés pour tenir les lustres. Je passe un coussin sur la table qu'il forme un suspensoir; Constance entièrement nue, se couche dessus; je lui assujétis les pieds à deux autres cordons; elle a les cuisses fortement écartées. Henriette arrive avec son complaisant, et l'introduit dans la coquille de sa maîtresse; je m'assis à côté de leur groupe en provoquant mon braquemart défaillant, nous formons tous les trois la plus plaisante caricature.

Dans cette attitude, que d'objets ravissans excitent ma vigueur évanouie; je vois le bijou de la lubrique Constance qui se dilate à chaque mouvement vigoureux et fréquent que lui donnait Henriette ; elle se cramponne après les cordons... Dieux... dit-elle... je jouis... D'Angeville comment te sens-tu ? — Je commence à renaître, ma bonne amie... Je vais jouir au même instant que toi.... oui... je t'en prie... Henriette... un peu plus vite... encore. La soubrette me guettait, dès qu'elle vit l'instant où la force m'était revenue, elle en avertit sa maîtresse... qui se demenait sur son coussin en disant... Mon ami... ensemble... ensemble, je t'en supplie... que l'illusion soit complète, c'est comme si je le faisais avec toi ; un dernier mouvement me fit éclore. Henriette en redoublant les secousses ; lacha le ressort qui retenait la liqueur que renfermait son instrument; Constance et moi, nous perdîmes connaissance dans l'extase et la volupté.

Après cette scène de masturbation, nous

nous fîmes apporter à tous deux quelques restaurans.... Je pris enfin congé de ma terrible maîtresse, pour ne plus penser qu'à mon Abeline ; c'est la seule qui soit digne de me rendre heureux, capable de me rendre sage et de préve nir mes folies.

FIN.